Hugo Richter

Renz Waller

Maler
Falkner
Schriftsteller

Eine Biographie

Hugo Richter

Renz Waller

Maler
Falkner
Schriftsteller

Eine Biographie

Zollhaus Verlag

CIP-Kurztitelaufnahme der Deutschen Bibliothek **Richter, Hugo:**
Renz Waller: Maler – Falkner – Schriftsteller; e. Biographie/Hugo Richter. – Düsseldorf:
Zollhaus Verlag, 1985. – ISBN 3-923328-06-0

Bildredaktion und Gestaltung: Atelier Wörlen, Mettmann.
Reproduktionen: Verheyen & Schulte GmbH, Düsseldorf.
Druck: Buersche Druckerei, Dr. Neufang KG, Gelsenkirchen-Buer.
Buchbinderische Verarbeitung: Ernst Schultze & Co. GmbH, Ratingen.

Inhalt

Seite

Vorwort

Jagd und Kunst dominierten schon immer in der Familie von Lorenz Waller. Bekannt unter seinem Rufnahmen Renz, den er als Kind erhielt, wurde er selber ein großer Maler und Falkner auch über die Grenzen Deutschlands hinaus. Wie nur wenigen Menschen gelang es Renz Waller, seine Begabungen zu seinem Beruf zu machen und miteinander zu verbinden. Sein Buch, das als Standardwerk über die Falknerei gelten kann und bereits 1937 erschien, sowie seine zahlreichen künstlerischen Werke sind nicht nur in Fachkreisen geachtet und geschätzt.

Anerkennenswert ist es daher zu bewerten, daß das Schaffen dieses Mannes jetzt mit einer Biographie gewürdigt wird. Gerade weil die Persönlichkeit Renz Wallers durchaus eigenwillig war, ist es um so interessanter, mehr über ihn und seinen Lebensweg zu erfahren.

Stets war Renz Waller bemüht, das Verständnis der Menschen für die Natur, die Tiere und besonders die Falknerei zu wecken und zu vertiefen. Aus all seinen Werken spricht tiefe Zuneigung zu den Tieren, die er nicht nur ihrer Schönheit willen malte. Niemals zeigte er nur ein Abbild, sondern er versuchte stets einen Einblick in das Wesen der Tiere zu geben. Durch die Begeisterung der Menschen für Renz Wallers Bilder gelang es ihm, sie auch für die Inhalte zu interessieren und sie mit den Tieren vertraut zu machen. Wo andere vielleicht viele Sätze brauchten, schaffte es Renz Waller mit einem einzigen Bild.

Aber nicht nur mit seinen Bildern verstand es Renz Waller sich auszudrücken. Sein Buch „Der wilde Falk ist mein Gesell“, ist noch heute ein Standardwerk der Falknerei, beachtet im In- und Ausland. Für die einen ist es ein großes Lehrbuch, für die anderen ein interessantes Werk, das Freude macht zu lesen, auch wenn man kein Falkner ist. Wie mit seinen Bildern schafft es Renz Waller auch auf diesem Weg, die Menschen für sein Anliegen zu interessieren. Manche mögen danach sicher ihre Einstellung zur Natur und den Tieren überdacht und geändert haben.

Auch heute ist es mehr denn je nötig, daß die Menschen mehr über die Wildtiere und ihre Umwelt erfahren. Je größer das Wissen hierüber ist, desto bewußter werden sich die Menschen ihrer Verantwortung gegenüber der Welt, in der sie leben.

Renz Waller hat viel dazu beigetragen.

Dr. Gerhard Frank, MdL
Präsident des Deutschen Jagdschutz-Verbandes e.V.
– Vereinigung der deutschen Landesjagdverbände –

Grußwort

Dieses Buch zeichnet ein gekonntes Portrait des Malers und Falkners Renz Waller, dem sich die Kreisstadt Mettmann in memoriam in besonderer Weise dankbar verbunden fühlt, sind doch bedeutende Teile seines Nachlasses uns in Form einer Stiftung zum Geschenk gemacht worden. Wir pflegen dieses Erbe in einer ständigen Ausstellung in der ehemaligen Bürgermeisterei, dem historischen Haus Mittelstraße 10. Hervorgehoben sei noch, daß auch caritative und tierschützende Einrichtungen am Nachlaß teilhaben.

Ich freue mich über die gelungene biographische Darstellung des Lebenswerkes von Renz Waller. Das künstlerische und falknerische Schaffen dieses ungewöhnlichen Mannes wird dadurch lebendig erhalten und auch kommenden Generationen weitergegeben.

Allen am Zustandekommen dieses Werkes Beteiligten, insbesondere dem Autor Dr. Hugo Richter, gilt mein Dank. Hervorgehoben sei auch das Engagement von Karl Wörlen, der seine gestalterische und herstellerische Mitarbeit ehrenamtlich einbrachte und damit wesentlich zur Veröffentlichung beitrug.

Möge dieses Buch viele interessierte Leser erfreuen.

Ingrid Siebeke
Bürgermeister der Kreisstadt Mettmann

Dank

Es war für mich eine große Ehre und Freude Renz Waller in seinen letzten Lebensjahren freundschaftlich verbunden sein zu dürfen. Das Museum und auch ich persönlich haben ihm und seinen Schwestern Maria und Elisabeth herzlich Dank zu sagen für die großzügige Schenkung an das Deutsche Jagd- und Fischereimuseum in München.

Wir wurden dadurch in die Lage versetzt, hier an historischer Stelle und in einem würdigen Rahmen eine ständige Ausstellung hervorragender Exponate und einmaliger Kunstwerke aus dem Lebenswerk des Künstlers zu zeigen. – Eine wertvolle Bereicherung unserer Museumsschätze und bleibende Erinnerung auch im öffentlichen Bewußtsein an diesen hervorragenden Maler und Falkner.

Dank gebührt seinen Freunden, die mit diesem aussagekräftigen Werk dem großen alten Mann ein Denkmal gesetzt haben.

H. Popp

Horst Popp
Direktor des Deutschen Jagd- und Fischereimuseums München

Einleitung

Große Männer der Falknerei hat es nur wenige gegeben. Im hohen Mittelalter, in dem die Falknerei im Heiligen Römischen Reich Deutscher Nation überhaupt erst in Erscheinung trat, war diese Kunst nur einigen wenigen „Fachleuten“ bekannt, aber die Jagdkunst und -freude des mittleren und hohen Adels sowie des niederen und hohen Klerus, einschließlich der Ordensleute, wie Äbte, Äbtissinnen usw.

Wäre der große Hohenstaufe Friedrich II. nicht durch seine politischen Marksteine weltberühmt geworden, die er setzte, sein großes naturwissenschaftliches Werk „De natura avium et de arte venandi cum avibus“ hätte ihm allein unsterblichen Ruhm eingebracht. Er gilt als „Vater der Falknerei“ in der nachchristlichen Zeitrechnung. Die Kunst mit Vögeln zu jagen und die Kenntnisse über das Leben der Vögel und speziell der Greifvögel hatte er aus dem Orient von seinen Kreuzzügen mitgebracht.

Drei Jahrhunderte lang war die Falknerei in unseren Breitengraden vergessen – und es bedurfte, wie so oft, eines Laien, der sich zu Beginn des 20. Jahrhunderts engagiert bemühte, diese alte Kunst wiederzuerwekken. Renz Waller erarbeitete jede Einzelheit von neuem, und mit vielen Fehlschlägen und Irrtümern war der Weg gepflastert, den der Wiederentdecker der Falknerei in der modernen Zeitrechnung gehen mußte, bis er zu dem wurde, als der er heute mit Recht gilt: Als der größte Falkner des 20. Jahrhunderts.

Nur in der Ganzheitsbetrachtung des Lebenslaufes Renz Wallers kann man beurteilen, was dieser Mann geleistet hat, wie groß seine weltweite Bedeutung ist und welchen Einfluß er auf die Fortentwicklung der

Falknerei genommen hat. Einer Falknerei, die nicht nur aus der reinen Wiederbelebung der Beiz besteht, sondern aus Greifvogelschutz und -kunde, wie bereits die Gründer des Deutschen Falkenordens 1923 erkannt hatten. Leider wurde dieser Weg nicht gemeinsam begangen. Die Beizjagd stand doch zu sehr im Vordergrund, ihr allein galten zunächst die Bestrebungen. Der Schutz der lebenden Kreatur trat in den Hintergrund, meinten doch die Diadochen Friedrichs II., daß die Beizjagd allein bereits Naturschutz genug sei, zumal ihnen ein großes Reservoir an Greifvögeln zur Ergänzung ihrer Beizvogelbestände zur Verfügung stand. Diese Auffassung sollte sich nach dem Zweiten Weltkrieg bitter rächen, als den Falknern von allen Seiten der Wind entgegenblies und das Verbot dieser Kunst drohte.

Waller, der das bereits früh erkannt hatte, aber aus seiner Haut nicht herauskonnte, zeigte dennoch den Weg zu neuen Ufern – er züchtete den ersten Wanderfalken in Gefangenschaft, den legendären „Rittanno".

Renz Waller nannte sich, in freundlichem Understatement, schlicht Tiermaler. Er gab den Tieren, die er malte, Seele und Persönlichkeit, er gab ihnen Profil und Adel, er malte sie nicht als Sache, sondern als lebendige Wesen. Er porträtierte Menschen und Tiere, schuf Stilleben und Landschaften und wurde während seiner ganzen langen Schaffensperiode, von den „Goldenen Zwanzigern" bis in die siebziger Jahre hinein, geehrt – ein Beweis dafür, daß seine Kunst zeitlos ist. Der „Rembrandt der Tiere", wie ihn einer seiner Bewunderer einmal nannte, wäre nicht der Künstler gewesen, als den wir ihn alle verehren, hätte er seine Kunst opportunistisch den Zeitströmungen und dem Zeitgeist angepaßt.

Was wären Renz Wallers Kunst der Falknerei, seine Malerei gewesen, wäre nicht das geschriebene Wort hinzugekommen, dem er seine weltweite Bedeutung verdankt. Selbst über seinen Tod am 8. Oktober 1979 hinaus hat sein epochales Werk „Der wilde Falk ist mein Gesell" noch aktuellen Wert. Vorangegangen sind der ersten Ausgabe dieses Buches (1936) zahlreiche Artikel und Berichte in Zeitschriften und Büchern.

Eine Biographie entsteht nicht von ungefähr und ist nicht das Werk eines einzelnen. Ich habe an dieser Stelle zu danken all jenen Privatpersonen, Falknern und Freunden Renz Wallers, Institutionen, Archiven und Museen, Presseorganen und Buchautoren, die zum Gelingen beigetragen haben.

Mein ganz besonderer Dank aber gilt Frau Elisabeth Tomi-Waller, der am 17. November 1984 verstorbenen Schwester Renz Wallers, deren

große Bereitschaft, alles für die Biographie ihres Bruders zu tun, nicht unerwähnt bleiben darf; denn ohne sie wäre die Aufgabe fast unlösbar gewesen.

Zu danken habe ich vor allem den Familien von der Trenck und von Keudell, die bereitwillig Auskunft gaben aus ihren Archiven, ganz besonders auch der Familie Alpers, die mich in vorbildlicher Weise unterstützte zu Fragen der Falknereigeschichte im Dritten Reich. Mein Dank gilt Frau Irmgard Utermann, der Tochter des unvergessenen Autors des Buches „Die Raubvögel Europas", Dr. Fritz Engelmann, einem Mann der ersten Stunde der modernen Falknerei, die mir wertvolle Hinweise und Dokumente überließ.

Ich danke dem „Ostpreußenblatt" für die Hergabe von Anschriften jener Falkner, die in Ortelsburg die Falknerei begründeten, sowie dem Ostpreußischen Jagdmuseum Lüneburg und dem Deutschen Jagd- und Fischereimuseum in München, hier besonders seinem Direktor Popp.

Mein Dank gilt dem Stadtarchiv Braunschweig, dem Niedersächsischen Staatsarchiv in Wolfenbüttel sowie der Stadt Mettmann, besonders den Herren Schiemann und Stadtarchivar Gansauer.

Mein Dank gilt Frau Ruth Löbenberg, der Witwe des verstorbenen Professors Löbenberg, eines Freundes Renz Wallers, der gern und oft mit ihm zusammengearbeitet hat im Interesse der Jagdmalerei.

Vergessen darf ich nicht den Dank an die Mitarbeiter und Zeitgenossen Renz Wallers, wie Oberlandforstmeister i. R. Friedrich Vorreyer, Anton Salmen, Robert Klinkhammer in Breda/Niederlande, sowie an die Falkner Dr. Erick Awender/USA und Dr. Pielowski/Polen, an den Österreichischen Falkenorden und den Österreichischen Falknerbund.

Desgleichen darf ich meinen Dank richten an den Verlag J. Neumann-Neudamm, dessen wertvolle Hinweise und Informationen beigetragen haben, die Kenntnisse über Werk und Wirken Wallers zu vervollständigen. Dem Stadtarchiv in Leipzig sollte Dank gelten, das mit viel Mühe und Kleinarbeit herausgefunden hat, wo und wie über die Gründungstagung des DFO im Jahre 1923 berichtet wurde. Herrn Hartmann Lauterbacher verdanke ich wertvolle Informationen über die Falknerei im Braunschweiger Land, den Reichsfalkenhof und viele andere Fragen.

Zur Aufklärung und Vervollständigung des eigenen Wissens über Renz Waller, die Geschichte seines Lebens und der Falknerei habe ich über 2000 Briefe geschrieben. Ich danke allen, die sich die Mühe machten, zu antworten, von Moskau bis Budapest, von Oslo bis Rom, von Washington bis Los Angeles. Erwähnen muß ich die große Bereitwilligkeit aller deutschen Botschaften im Ausland bei der Beschaffung von Anschriften dort lebender Falkner, sowie besonders der US-Botschaft in der Bundesrepublik Deutschland, die sich um Fragen bemühte, die Renz Wallers Vater betreffen, der, ein bekannter Kirchenmaler, seine Bilder bis in die USA verkaufte.

Kunstakademien in Wien, Zürich, München und Düsseldorf haben mich mit Hinweisen und Nachweisen unterstützt, und nicht zuletzt verdanke ich dem Nordrhein-Westfälischen Hauptstaatsarchiv in Düsseldorf wertvolle Hinweise und Dokumente aus Wallers Leben und Wirken. Trotz dieser vielen Hilfen sind Lücken geblieben, die (noch) nicht aufgeklärt werden konnten. Aber für einen Biographen gibt es keinen Stillstand – und nie einen Abschluß seiner Arbeit.

Steinhorst, im Jahre 1985
zu Renz Wallers 90. Geburtstag

Dr. Hugo Richter

Literatur-Verzeichnis

Arcussia, Charles de:
Falconaria
Nachdruck 1980 von 1617, Zentralantiquariat der DDR, Leipzig.

Bastyai, Lorant de:
All My Life With Hunting Birds by Neville Spearman
Sudbury, Suffolk, Great Britain 1982

Beizjagd:
Sonderdruck aus Band 2, Lieferung 2/3 aus „Reallexikon der Germanischen Altertumskunde“
Walter de Gruyter – Berlin

Blaine, Gilbert:
Falconry
Neville Spearman, Limited, London 1936

Brown, Leslie:
Die Greifvögel, ihre Biologie und Ökologie
Paul Parey-Verlag, Hamburg, 1979

Deutscher Falkenorden (DFO):
Jahrbücher, 1934–1985

Brüll, Heinz:
Das Leben deutscher Greifvögel
G. Fischer-Verlag Stuttgart, 1. Auflage 1937, 2. Auflage 1964, 3. Auflage 1977, 4. Auflage 1984
Die Beizjagd
Paul Parey-Verlag, Hamburg 1. Auflage 1962, 2. Auflage 1968, 3. Auflage 1979

Deutscher Jagdschutzverband e. V. (Hrsg.):
Ulrich Scherping und ein halbes Jahrhundert Jagdgeschichte
Paul Parey-Verlag, Hamburg, 1960

Deutsches Jagdmuseum, München:
Katalog 1977

Engelmann, Fritz:
Die Raubvögel Europas, Naturgeschichte, Kultur und Falknerei
Verlag J. Neumann – Neudamm 1928

Evan, Humphrey ap:
Falconry for you
John Grifford, Limited, London 1970
Falconry
John Bartholomew & Son Ltd. Edinburgh 1973

Falkner, Der:
Jahrbücher des Österreichischen Falkner Bundes (ÖFB)
1953–1985

Hagen, Horst:
Die Sache mit dem Waidwerk
Herbig-Verlag, München–Berlin 1982

Hammerstrom, Francis:
Mein Adler kreist zum Himmel
Landbuch-Verlag, Hannover, 1973

Handbuch:
Jagd in aller Welt, Herausgeber Alice Groß
Landbuch-Verlag, Hannover 1975, 2 Bände

Heinisch, Klaus J.:
Kaiser Friedrich II in Briefen und Berichten seiner Zeit
Wissensch. Buchgemeinschaft Darmstadt 1977

Horneck, Heribert:
Jagd in der Zeit
Leopold Stocker Verlag Graz–Wien, 1971

Journal 1979–1980:
North American Falconers' Association

Kalchreuther, Heribert:
Die Sache mit der Jagd
Bayerischer Landwirtschafts-Verlag, München 1977

Lindeiner-Wildau, Hanns-Gero von:
Bunte Beute. Von Wild, Jagd und Jägern in unserer Zeit
Paul Parey-Verlag, Hamburg 1981

Makowski, Henry und Buderath, Bernhard:
Die Natur dem Menschen untertan, Ökologie im Spiegel der Landschaftsmalerei
Kindler-Verlags-GmbH, München 1983

Orden Deutscher Falkoniere (ODF):
Jahrbücher 1971–1984

Pils, Heinz:
Falknerei
ÖFB, Wien 1984

Scherping, Ulrich:
Waidwerk zwischen den Zeiten
Paul Parey-Verlag, Hamburg, 1954

Schulze, Hans:
Jäger, Jagd und Wild, 2 Bände
Landbuch-Verlag Hannover, 1975

Schwartz, E.:
Greifvögel und Falknerei
Leitstelle für Information des Institutes für Forstwissenschaft, DDR-1300 Eberswalde-Finow 1, 1972

SS-Falkenhof:
Broschüre über den SS-Falkenhof Buchenwald, Weimar-Buchenwald, 1943, unbek. Autor

Willemse, Carl Arnold:
Das Falkenbuch Kaiser Friedrich II.
Harenberg Kommunikation Dortmund 1980

Waller, Renz:
Der wilde Falk ist mein Gesell
Verlag J. Neumann-Neudamm, 1. Auflage 1935, 2. Auflage 1962, 3. Auflage 1973, 4. Auflage (posthum) 1982

Wood, Casey A. and Fyfe, F. Majorie:
The art of Falconry
being De arte venandi cum avibus of Frederic II. of Hohenstaufen
Stanford University Press, Stanford, California, 1969

Woodford, M. H.:
A Manual of Falconry
Adam & Charles Black, London 1977

Wulf, Joseph:
Die Bildenden Künste im Dritten Reich
Eine Dokumentation
Rowohlt-Verlag, Hamburg 1963

Biographische Daten

1895	Am 3. November geboren in Wiedenbrück als Sohn des Kunstmalers Georg Anton Waller aus Neumugl und seiner Ehefrau Elisabeth, geb. Otterpohl, aus Vendenheim bei Straßburg
1904	Die Familie siedelt nach Düsseldorf über. Georg Anton Waller verspricht sich mehr Aufträge und einen höheren Bekanntheitsgrad in der Rhein-Metropole
1913	Zulassung zum Studium an der Kunstakademie Düsseldorf nach mehrjähriger Lehrzeit beim Vater
1915–1918	3. Mai 1915 eingezogen als Füselier zur 9. Kompanie des Garde-Grenadier-Regiments 4, Königin Augusta – 12. Dezember 1915 verwundet – 3. Juli 1916 erneut verwundet (EK I) – 1918 in die Heimat entlassen
1918–1920	Besuch der Kunstakademie Düsseldorf und Studium bei den Professoren Kiederich, Spatz und Meisterschüler von Prof. Junghanns
1920	Bekanntschaft mit dem Falkner und Nervenarzt Dr. Dr. Jungklaus in Bielefeld – erste Impulse zur Gründung eines Falknerordens werden diskutiert
1920	Am 13. Oktober erster Jagdschein
1921	Inoffizieller Zusammenschluß bekannter Falkner und Jäger zum Deutschen Falkenorden unter Dr. Kreyenborg – Münster, Dr. Dr. Jungklaus – Bielefeld, Dr. Engelmann – Gera, Renz Waller – Düsseldorf, v. Bressensdorf – Leipzig, Graf von Mensdorff – Pouilly in Chotélic (CSR)
1923	Gründung des Deutschen Falkenordens (DFO) in Leipzig am 23. Mai – Ing. Schrader aus Hamburg wird erster Ordensmeister, Renz Waller Gauleiterobmann für Falknerei
1923	Einladung zum Old Hawking Club of Great Britain zur Frühjahrs-Krähenbeize nach England – Wallers erster Auslandskontakt – später Ehrenmitglied des Clubs
1924	Erster schriftstellerischer Versuch in der Zeitschrift des Deutschen Falkenordens „Der Ordensfalke"
1924	Falknertagung in Düsseldorf beschließt Auflösung des DFO – Wallers energischer Protest rettet den Orden vor dem Zerfall
1925	Regionale Jagdausstellung in Düsseldorf – Waller organisiert die Falknerei-Schau

1925 Aufnahme als Mitglied des Allgemeinen Deutschen Jagdschutz-Verbandes (A.D.J.V.) Düsseldorf

1930 Ordenstagung in Meppen mit großer Schaubeiz – Orden in desolatem Zustand – Waller rettet erneut den Orden vor Zerfall und Auflösung

1932 Ordenstagung in Gera – Waller wird zum Ordensmeister des DFO gewählt

1933 27. Februar: Ernennung zum „Honorary Member" des British Falconers' Club

1933 „Gleichschaltungstagung" des DFO in Schloß Neschwitz bei Bautzen

1934 Georg Anton Waller stirbt in Roßbach am 10. Mai

1935–1936 Bau des Reichsfalkenhofes Braunschweig-Riddagshausen. Wallers größter Wunsch, eine zentrale Forschungs- und Tagungsstätte für die Falknerei zu haben, wird erfüllt

1935 Erfolgreicher Einsatz für die gesetzliche Verankerung der Falknerei im neuen Deutschen Jagdgesetz – der Falkner-Jahresjagdschein wird eingeführt, der Orden damit Pflichtorganisation aller Falkner

1937 Im Verlag Neumann-Neudamm erscheint die erste Auflage des Buches „Der wilde Falk' ist mein Gesell" von Renz Waller

1937 Auf Antrag des Ordensmeisters wird der DFO mit Wirkung vom 1. April dem Reichsjagdamt (Reichsjägermeister Göring) unterstellt und damit der Deutschen Jägerschaft angeschlossen – der Reichsfalkenhof bleibt unter Dienstaufsicht des Generalforstmeisters Alpers

1937 Gestaltung der Internationalen Falknereischau auf der „Internationalen Jagdausstellung" in Berlin

1937 Goldmedaille für die ausgestellten Bilder auf der Internationalen Jagd-Kunstausstellung in Berlin

1938 Am 3. März Ernennung zum Oberfalkenmeister wegen besonderer Verdienste um die Falknerei und die Jagdausstellung

1941 Teilnahme an der Tagung des Deutschen Forstvereins auf dem Reichsfalkenhof in Riddagshausen – erste breitgefächerte Berührung der Forstleute mit der Falknerei weckten hohes Interesse für die Falknerei bei der „Grünen Farbe"

1942–1943 Erste gelungene Zucht von Wanderfalken in der Gefangenschaft. Das Zuchtprodukt „Rittanno" schlüpft am 12. April und wird von Waller abgetragen und geführt

1943 Bei einem Luftangriff auf Düsseldorf werden sein Atelier und Wohnhaus total zerstört – Evakuierung nach Berghausen/Sauerland

1944 Gemeinsam mit Prof. Löbenberg Gestaltung des Designs eines mehrhundertteiligen Jagdservices in Paris bei der Porzellanmanufaktur Sèvres

1945 Verurteilung nach Besatzungsrecht durch ein britisches Militärgericht wegen Besitzes einer Schreckschuß-Pistole und 2 Streichholzschachteln Tesching-Munition zu zwei Jahren Gefängnis

1945 Entwicklung der Waller-Rundreck

1946 Ehrenmitgliedschaft im Nederlandsch Falkeniersverbond „Adrian Mollen"

1951 Erste Falknerwoche nach dem Krieg vom 11.–14. Oktober in Heimbach/Eifel – erneute Bestätigung als Ordensmeister

1954 Aufbauleitung der Falknereischau auf der „Internationalen Jagdausstellung in Düsseldorf"

1954 Bronzemedaille für ausgestellte Bilder auf der „Internationalen Jagdkunstausstellung" in Düsseldorf

1955 Umzug nach Mettmann in ein neues Eigenheim mit Atelier

1955 Ehrenmitglied in der North American Falconers' Association

1957 Am 6. März stirbt die Mutter Elisabeth, geb. Otterpohl, in Mettmann im Alter von 83 Jahren

1957 Falknertagung in Schwarzenbeck/Kreis Herzogtum Lauenburg vom 24.–26. Oktober – Rücktritt vom Amt des Ordensmeisters – Ernennung zum Ehrenordensmeister und Großfalkenmeister

1962 Ehrenmitglied in der Association Nationale des Fauconniers et Autoursiers Français

1963 Zweite Auflage des Buches „Der wilde Falk' ist mein Gesell" erscheint neu illustriert mit Federzeichnungen des Verfassers

1965 Ehrenordensmeister im Österreichischen Falknerbund (ÖFB)

1965 3. November: Verleihung des goldenen Verdienstabzeichens des DFO

1966 29. Juli: Verleihung des Verdienstkreuzes I. Klasse des Verdienstordens der Bundesrepublik Deutschland

1967 10.–17. Dezember: Teilnahme an der Tagung des Circolo dei Falconiere d'Italia in Italien (Ehrenmitglied)

1969 Die Rundreck, die größte Erfindung in der Neuzeit der Falknerei, erhält den Gebrauchsmusterschutz

1970 Ehrenmitglied im Circolo dei Falconiere d'Italia

1973 Dritte Auflage des Buches „Der wilde Falk ist mein Gesell" erscheint

1974 Ehrenmitglied im Orden Deutschen Falkoniere (ODF)

1974 Ehrenfalkenmeister im Österreichischen Falken-Orden (ÖFO)

1975 6. Oktober: Ernennung zum Ehrenpräsidenten auf Lebzeit des „Centro de investigaciòn y conservaciòn de las aves de presa en Mexico" (Zentrum für die Forschung und Erhaltung der Raubvögel in Mexico)

1976 Teilnahme am Internationalen Falknertreffen in Abu Dhabi

1979 8. Oktober: Renz Waller stirbt in Mettmann kurz vor Vollendung seines 84. Lebensjahres

1981 17. Januar bis 31. März: Renz Waller Gedächtnisausstellung im Deutschen Jagdmuseum München

1982 5. Juni: Vertrag über Dauerausstellung – Falknergeräte, Literatur, Bilder und Kunstgegenstände aus dem Nachlaß – zwischen Maria Waller und dem Deutschen Jagdmuseum München

1982 Vierte Auflage (posthum) des Buches „Der wilde Falk' ist mein Gesell"

1982 30. September: Notarieller Vertrag über eine „Renz Waller Stiftung" zwischen Maria Waller und der Stadt Mettmann

1983 19. April: Beschluß des Stadtrates, den Weg „Em Banden" in „Renz-Waller-Weg" umzubenennen

1983 3.–23. Mai: Gedächtnisausstellung in Mettmann, Mittelstraße 10, dem Domizil der „Renz Waller Stiftung" – Eröffnung der Dauerausstellung aus dem Nachlaß

1983 Stiftung einer „Renz Waller Medaille" durch Elisabeth Waller für Wanderfalken-Zuchterfolge

1983 20. September: Notarielles Erbvermächtnis von Elisabeth Waller über 160 Bilder ihres Bruders, deren Erlös zu gleichen Teilen den karitativen Einrichtungen „Brot für die Welt", Misereor und dem Tierschutz zufließen soll

1985 Der Förderkreis für die Stiftung Renz Waller wird ins Vereinsregister eingetragen und seine Gemeinnützigkeit beantragt

Familienbild, Anfang der dreißiger Jahre

Renz Waller - ein Leben für die Kunst und für die Tiere

Es war ein schöner Herbsttag. Der Himmel war zwar bedeckt, und am Nachmittag gab es einige Regenschauer – aber das konnte Opa Otterpohl nicht abhalten, mit seinem jüngsten Sohn Bernhard zur Jagd zu gehen. Es war nicht nur Sonntag, sondern St. Hubertus – jener Tag also, der dem Schutzpatron der Jäger geweiht ist. Als die beiden Männer nach Hause kamen, es war gegen vier Uhr nachmittags, hörten sie bereits von draußen die Stimme des Neugeborenen aus dem Haus in Wiedenbrück, Feldmark Nr. 423: Lorenz Waller hatte an diesem 3. November 1895 das Licht der Welt erblickt.

Ein langes Leben lag vor dem kleinen Lorenz, der später unter dem Rufnamen Renz Waller als Tier- und Porträtmaler sowie als Falkner von unzähligen Menschen verehrt wurde.

Zunächst aber wurde der kleine Renz von seinem Vater Georg Anton Waller, einem Kirchen- und Historienmaler, und seiner Mutter Elisabeth, geb. Otterpohl, im strengen katholischen Glauben erzogen – zusammen mit zahlreichen Geschwistern, die dem Erstgeborenen Renz folgten: Elisabeth (geb. 1897), Wilhelmine (1900), Maria (1901) und, als erster Bruder, Anton (1903).

Ein Jahr nach dessen Geburt zog die Mutter, zunächst allein, mit den in Wiedenbrück geborenen Kindern nach Düsseldorf, wo Renz Waller später zum Studium an der dortigen Kunstakademie zugelassen wurde. 1910 und 1914 wurden dann dem Ehepaar Georg Anton und Elisabeth Waller noch die „Nachkömmlinge“ Bernhard und Georg geboren, doch verstarb Georg zehn Tage nach seiner Geburt.

Elisabeth und Georg Anton Waller

Nach dem ersten Weltkrieg konnte Renz Waller sein Studium an der Düsseldorfer Kunstakademie (u. a. als Meisterschüler bei Prof. Junghanns) erfolgreich abschließen und sich ganz der Malerei widmen. Oder sollte man besser sagen: sich ganz den Tieren widmen? In seiner Malerei nämlich wie in seinem zweiten Lebensinhalt, der Falknerei, spielten diese künftig eine Hauptrolle.

Renz Waller, der in den zwanziger Jahren leidenschaftlich daran mitwirkte, daß die nahezu in Vergessenheit geratene Falknerei in Deutschland wieder eingeführt wurde, gehörte 1923 in Leipzig zu den Gründungsmitgliedern des Deutschen Falkenordens. Von 1932 bis 1957 leitete er den Verband als dessen Ordensmeister. Im Jahre 1937 erschien sein Buch „Der wilde Falk ist mein Gesell", das seither als ein Standardwerk für die Falknerei gilt. Es ist noch heute (in der vierten Auflage) auf dem Markt. Renz Waller gelang als erstem die erfolgreiche Zucht eines Falken in der Gefangenschaft.

Besonders in der Malerei war das Leben Renz Wallers von Erfolgen gekrönt. Bei der Internationalen Jagdausstellung 1937 in Berlin erhielt er eine Goldmedaille für seine künstlerische Arbeit. Ebenfalls für seine Malerei geehrt wurde er 1954 auf der Jagdausstellung in Düsseldorf.

Nach langen Jahren in Düsseldorf wurde Renz Waller, zusammen mit seiner Mutter und seiner Schwester Maria, 1943 im zweiten Weltkrieg nach Berleburg evakuiert. Wohnung und Atelier in der Klosterstraße 12 in Düsseldorf waren ausgebombt worden. In Berleburg führte Renz Waller dann eine kleine Landwirtschaft mit ein paar Gänsen, Hühnern, einigen Milchschafen und Schweinen, um die Ernährungslage der Familie aufzubessern.

Doch auf dem Lande, fernab der Großstadt, fühlte sich der Maler und Falkner nicht wohl. Nach vielen fehlgeschlagenen Bemühungen gelang ihm 1954 der Sprung nach Mettmann (in unmittelbarer Nähe Düsseldorfs), wo er dann in der Bahnstraße 63 sein endgültiges Heim fand. Zusammen mit seinen Schwestern Maria (die ihm den Haushalt führte und den privaten Tierpark versorgte) und Elisabeth lebte Renz Waller hier bis an sein Lebensende.

Die Wallers führten ein offenes Haus. Falkner aus aller Welt gingen ein und aus, holten sich Rat und Hilfe beim Altmeister der Falknerei, baten ihn um Beistand, brachten ihm Ehrungen ihrer Verbände – und feierten mit ihm seine Erfolge und die Ehrentage in seinem Leben.

Der Strom der ausländischen Freunde riß nicht einmal ab, als sich der DFO immer mehr von seinem ehemaligen Ordensmeister und Gründer absetzte. Aus allen Kontinenten trafen die Briefe in großer Zahl bei ihm ein. Er beantwortete sie alle persönlich und versuchte immer dort, wo er gefordert wurde, zu helfen, zu raten und zu beraten.

Künstlerisch hielt Waller in Mettmann unbeirrt an seinem Lebenswerk – der Tier- und Porträtmalerei, fest. Äußeres Zeichen dieses Beharrens war die Tatsache, daß er sein aus Holz gezimmertes Atelier von Berleburg nach Mettmann „mitgenommen“ und als Dachgeschoß auf das neu entstandene Eigenheim „aufgesetzt“ hatte. Hier lebte und arbeitete er nun – fest verwurzelt in einer langen Familientradition. Schon lange dominierte das künstlerische Element in der Wallerschen Familiengeschichte. Den Grundstock legte, soweit das heute noch nachweisbar ist, wohl jener Michael Friedrich Georg Waller in Neumugl zu Beginn des 18. Jahrhunderts, der die leeren Flächen der Bauernschränke, die er für die Dörfler in seiner Werkstatt herstellte, zuerst mit Blumen und Ornamenten, dann mit Heiligenbildern belebte.

25 Der Kunstmaler Franz Josef Dietl, geboren 1892 in Pograt 31, ist mit Renz

Waller verwandt. Großvater Anton Waller (Jahrgang 1814) und die Großmutter Franz Josef Dietls, Marie Anna Dietl (1819), waren Geschwister.

Die Familie Otterpohl steuerte einen guten Schuß Künstlerblut bei. Renz Wallers Tante Maria Otterpohl war Schauspielerin (wie man sagt, eine sehr gute), sein Onkel Bernhard Otterpohl ein bekannter Kunstmaler und Restaurator im süddeutschen Raum. Von ihm sind eine ganze Reihe von Gemälden vorhanden (vor allem Stilleben). Er restaurierte Gemälde in Wasserburg am Inn und in Münchens Kirchen. Außerdem unterhielt Bernhard Otterpohl einen künstlerisch-literarischen Zirkel, zu dem auch Ludwig Thoma gehörte. Die Mitglieder kamen im Jagdhaus Otterpohls in Stockach, oberhalb des Ortes am sogenannten Hauswald, zusammen. In dieser Hütte soll Lenin übernachtet haben, als er 1918 durch das Deutsche Reich in das zaristische Rußland geschleust wurde.

Von Georg Anton Waller, dem Vater Renz Wallers, kann man heute noch Kreuzwege in den Kirchen von Wiedenbrück (aus dem Jahre 1901) und in Rheda (1910–1911) besichtigen. Bekannt ist, daß er an der Ausstattung der Jahrhunderthalle in Eger (1932) mitgewirkt hat, ebenso wie an der Renovierung des Stiftes Tepl bei Marienbad (CSSR). In seiner Heimatkirche hängt über der Sakristei noch immer eine Pieta, sein Erstlingswerk, das er im Alter von 18 Jahren malte und von dem Experten damals sagten: „Man erkennt die Klaue des Löwen". Georg Anton Waller verstarb 1934 auf einer Reise in Roßbach.

Die Tradition der Künstlerfamilie Waller setzt heute Renz Wallers Neffe Jürgen Waller fort, der als Professor an der Hochschule für gestaltende Kunst und Musik in Bremen Malerei lehrt. Ein grandioses Werk von ihm ist ein Großfresko (720 qm) an der Wand des Bunkers in Bremen-Gröpelingen (1978) – eine Gemeinschaftsarbeit mit seinen Studenten. Jürgen Waller gehörte nach seinem Studium an der Düsseldorfer Kunstakademie und einigen Jahren in Frankreich in den siebziger Jahren zu den „kritischen Realisten" in West-Berlin. Er bezieht in seinem Werk einen klaren, sozialkritischen Standpunkt.

Renz Waller verstarb am 8. Oktober 1979 in Mettmann, der Stadt, die zu seiner wirklichen Heimatstadt geworden war. Auf eigenen Wunsch wurde er in aller Stille im Kreise enger Freunde und der Familie beigesetzt. Ein schlichter Stein kündet an seinem Grab von seinem Leben. In der Stadt Mettmann wird sein Lebenswerk weiter gepflegt: Die Stadt richtete zwei Räume mit Original-Gegenständen und künstlerischen Werken aus dem Nachlaß Renz Wallers als ständige Gedächtnisausstellung ein.

I. Teil: Der Maler

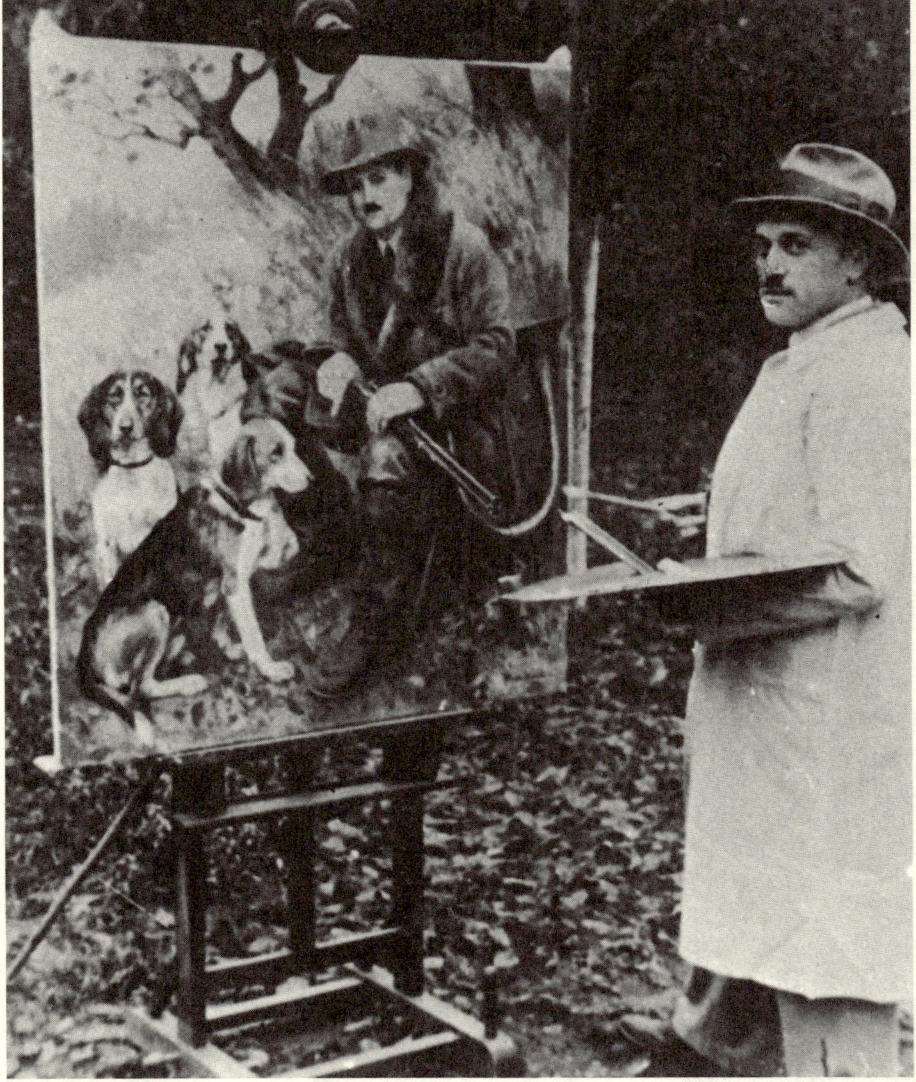

27 In Berlin vor dem Porträt von Geheimrat Professor Lutz Heck

Renz Wallers Kunst

Renz Waller entstammt einer Künstlerfamilie, und so kann es nicht verwundern, daß er die ersten Schritte auf dem Weg zum Maler wohl unter Anleitung seines Vaters, des Kirchen- und Historienmalers Georg Anton Waller, ging. Von ihm erlernte er die Grundlagen für seinen späteren Beruf (oder besser: für die Ausübung seiner Berufung). Da die Familie nach Düsseldorf übergesiedelt war, erscheint es logisch, daß Renz

In Düsseldorf bei Mutter Ey

Waller die dortige Kunstakademie besuchen wollte. Die Arbeit, mit der sich der junge Kunstadept um Aufnahme bemühte, ist noch vorhanden (Seite 172) und zeigt bereits ein großes handwerkliches Können. Dieser Umstand mag es der Jury wert gewesen sein, den jungen Mann zum Studium zuzulassen.

Bei den Professoren Willy Spatz, Franz Kiederich und Julius Paul Junghanns bekam Renz Waller seine künstlerische Ausbildung und war später Meisterschüler von Professor Junghanns. Die akademischen Lehrer waren, wie die damalige Malklasse der Akademie im ganzen, besonders den alten Niederländern zugetan und schöpften aus deren Hinterlassenschaft die eigene Kunstrichtung, der sich Renz Waller voll zuordnete.

Nach einer Unterbrechung durch den ersten Weltkrieg widmete sich Waller mehr und mehr der Tiermalerei. Um die Mitte der zwanziger Jahre

Gezeichnete Feldpostkarte des Grenadiers Renz Waller

dann fand er seinen endgültigen Standpunkt – er wurde zum Maler der Falknerei und Beizjagd, während Hunde und andere Tiere nun nicht mehr die zentrale Rolle in seinem Schaffen einnahmen (wenngleich sie dort immer ihren Platz behielten).

Kritiker haben gefragt, ob Wallers Kunst nicht nur „Fotografie mit Pinsel und Palette" sei und seinen Werken die Zuordnung zur Kunst abgesprochen. Doch folgte man dieser Argumentation, dann müßte man auch die alten Niederländer verdammen, bei denen sich Waller angelehnt hat (ohne sie zu kopieren).

Die Linse des Fotoapparates zeigt die reale Welt, so wie sie sich vor der Linse abspielt oder zeigt. Der Künstler kann durchaus Realität malen, aber er sieht hinter die Kulisse, hinter die Fassade – und er drückt das in seiner Kunst aus. Auf das Gebiet Tierfotografie und Tiermalerei bezogen heißt dies: Fotografien wirken eindimensional, haben keine Perspektive, während das gemalte Bild das Tier „im Raum" zeigt. Wie lebendig ist doch z. B. Wallers Bild „Junger Luchs" (Seite 192). Jede Einzelheit des Katzenkopfes ist getroffen, und man hat den Eindruck, er wende sich unmittelbar dem Betrachter zu, damit dieser ihn streichele und liebkose. Die ausdruckslosen Augen, die man Katzen immer andichtet, sind hier voller Leben und voller Seele. Das unterscheidet derartige Kunst von „gemalter Fotografie".

Der Künstler bei der Arbeit (Anfang der fünfziger Jahre)

Durch Wallers nachgelassenes Werk zieht sich eine große Linie: die tiefe Zuneigung und Liebe zu den Tieren. Handwerkliches Können vorausgesetzt, kann nur der Bilder von solcher Qualität und künstlerischer Aussage hinterlassen, der die Tiere als gleichberechtigte Kreatur betrachtet.

Man hat Renz Waller einmal den „Rembrandt der Tiere" genannt – und damit sicher eine treffende Charakterisierung seines Malstils gegeben. Dennoch – Waller hat diesen Stil keineswegs sklavisch und kritiklos übernommen, sondern er hat eine eigene Linie gefunden.

Im direkten Vergleich der Bilder alter Niederländer mit denen Renz Wallers wird uns dies besonders klar. Die alten Meister malten um der Schönheit der Farben, der Spezialität bestimmter Situationen wegen. Ihre Darstellungsweise war von der Technik und vom darzustellenden Gegenstand her geprägt – sie hatten jedoch den Tieren keine Seele zu geben, den Landschaften kein Leben und dem Tod nicht jene Majestät, die die entsprechenden Stilleben Wallers auszeichnet.

Die Niederländer malten um der Kunst und der Schönheit willen, und vor allem, um Vergehendes zu erhalten für die Nachwelt. Renz Waller malte aus Liebe zu den Mitgeschöpfen auf dieser Erde, er malte, um seinen Mitmenschen zu zeigen, daß Tiere eine Seele haben. Seine Bilder sollten gleichsam das Sprachrohr sein, mit dem die Tiere zu uns Menschen sprechen können.

In Renz Wallers künstlerischem Lebenswerk gibt es keine Bruchstellen. Er blieb sich selber treu. Er malte farbenprächtig, wo er es dem Motiv schuldig zu sein meinte, und er benutzte den dunkeleinheitlichen Farbton der Niederländer, wo es sein Modell erforderte. So entstand eine breite Palette künstlerischer Werke von denen jeder stets ein „echter Waller" ist, unverkennbar von seiner Handschrift gezeichnet.

Seine Bilder enthalten keinen bloßen Schein, um vordergründig zu wirken. Sie sind ehrlich, wahr, echt, wie ihr Schöpfer im Leben: ein Grandseigneur mit allen Vorzügen und Fehlern, die dieser Art Menschen eigen sind.

Die Anfänge

Der Künstler Renz Waller tritt uns am originärsten entgegen in seinen Tierbildern, seinen Tierporträts. Ihre Beispiele sind Legion. Doch nähern wir uns seinem Schaffen mit einem ganz frühen „Werk", das er als fünfjähriger Bub zeichnete, und in dem schon in dieser frühen Kindheitsperiode das Tier eine wesentliche Rolle spielte. Es handelt sich nur um eine Bleistiftzeichnung. Auf einer weißen Fläche komponiert Renz Waller die Konturen von Feld, Wald und Wiese, besetzt die Bäume, angedeutet

Im Alter von 5 Jahren

Im Alter von 11 Jahren

durch stilisierte Zweige, mit Vögeln. Am Boden plaziert er links ein tierisches Wesen, das man als Pferd erkennen sollte, und in der rechten oberen Ecke hält sich ein zweibeiniges Wesen auf, das offenbar die Verbindung der bodengebundenen Tierwelt im Haus und Hof des Landwirts mit der freilebenden Vogelwelt auf dem Baum bedeuten soll. Der Bub setzt seine Erkenntnis von der Umwelt, in der er lebt, immerhin mit einer gewissen Unerschrockenheit und Großzügigkeit um.

Die Kinderzeichnungen sprechen übrigens eine deutliche Sprache über die rasche Entwicklung der künstlerischen Anlagen des Knaben. Betrachtet man z. B. die Zeichnung des Elfjährigen, so hat dieses Blatt bereits deutliche Hinweise auf kreative Erfassung einer Situation. Der kleine Künstler zeichnet mit sicherer Hand, wie der Reiher seiner Beute nachstellt. Die dörflich-ländliche Idylle ist mit wenigen markanten Strichen erfaßt. Ein Jahr später, 1907, zeichnet der jetzt Zwölfjährige bereits wie ein Profi und überrascht mit seinen aus dem Schilf „aufsteigenden Enten“ die Eltern zu Weihnachten. Die Liebe Wallers zum Detail wird in diesem kleinen Bild bereits deutlich (Seite 34).

Im Alter von 12 Jahren

Die Stilleben

Abbildungen Seiten 184, 185, 221–224

Einen sehr großen Raum im künstlerischen Schaffen Renz Wallers nehmen die Stilleben ein. Meist enthalten sie tote Tiere, zusammen mit Falknereigeräten, Früchten und anderen Dingen.

Sucht man in der Kunstgeschichte solche Werke, so findet man sie bei fast allen alten Meistern, wie Dürer, Rubens u. a. Renz Waller knüpfte bei solchen Vorbildern an; seine Stilleben wurden zu einer umfassenden Auseinandersetzung mit dem Tode. Im jagdlichen Geschehen verwendet man das Wort „tot" wenig, sondern spricht von „gestrecktem Wild" oder „erlegter Beute".

Stilleben heißt: Darstellung „bewegungsloser" Dinge – obwohl die Früchte nicht nur „bewegungslos" sondern tot sind, hängen sie doch nicht mehr am Baum. Blumen, die ebenso häufig auf Stilleben zu finden sind, erhalten ihr Leben nur noch künstlich aus der Hand des Menschen und das nur für eine begrenzte Zeit.

Das Stilleben ist kein „Leben" mehr, sondern die Vorahnung der Bewegungslosigkeit im (eigenen) Tod – und den stellt man sich in Schönheit und Würde vor. Einige Künstler mögen uns vor allem mitteilen wollen, daß der Tod nichts Schreckliches ist, sondern nur der Übergang vom bewegten Leben zum „stillen Leben". Im Tode verwandelt sich lediglich die Materie.

Renz Waller hat in allen seinen Stilleben diese Gedankengänge meisterlich darzustellen vermocht: Bewegungslosigkeit als Vorahnung des Todes, als Übergang in ein anderes Leben. Farbzusammenstellung, Bildkomposition und Kolorit tragen bei, dies dem Betrachter plastisch vor Augen zu führen.

Die Landschaften

Abbildungen Seiten 134, 135, 173, 182, 183, 187, 188 und 191

Das Tier im Mittelpunkt des Wallerschen Schaffens stehend wurde immer nur als Teil eines Ganzen, der Natur gesehen. Selbstverständlich scheint es daher, daß diese Natur als Ganzes in seinen Landschaftsbildern Gegenstand der Kunst des Malers Renz Waller war, die von seinen Freunden und Verehrern hoch geschätzt wurden.

Es gibt allerdings relativ wenig Gemälde, die reine Landschaften darstellen, ohne Tiere, wie z. B. die Strandstudie an der See und die Busch- und Strauchlandschaft einer Heidegegend. Die Seelandschaft hat der Künstler mit dem handschriftlichen Zusatz versehen „feuchtes Wetter, Licht und Wind von vorn“. Mit einem Landschaftsgemälde bewarb sich Renz Waller 1914 um die Aufnahme in die Kunstakademie in Düsseldorf. Der Vordergrund dieses sich naturverjüngenden Kahlschlags mit einigen Überhältern bleibt konturenlos und ist nur angedeutet. Das Gemälde, signiert von Renz Waller am 13.7.1914 und am 13.9.1914 vom Vater Anton Waller gegensigniert, zeichnet das Werk aus als eine Lehrabschlußarbeit mit Aussagekraft und sehr eigenem Stil. Doch eindeutig dominieren in Wallers Landschaften die Tiere als wesentlicher Teil, eingebettet in die Landschaft – wie es dem Denken, Fühlen und Sehen des Künstlers entsprach. So sehen wir in die Moor- und Heidelandschaften Enten einfallen, Fasanen stehen aus dem Schilf aufsteigen. Immer sieht Renz Waller Tier und Landschaft als Ganzes.

Der Bock, der am Waldesrand aufmerksam sichert (Seite 174) – neu scheint diese Art von Malerei uns nicht. Oder doch! Sie ist anders, als man es bisher von Jadgmalern gewöhnt ist.

Waller stellt seine Tiere nicht unter den Herrschaftsanspruch des Jägers, den sie aus Todesangst fürchten. Auf Wallers Tier- und Landschaftsbildern fliehen die Tiere nicht, sie zeigen sich „kommunikationsbereit". Wallers Tiere sind zum „Anfassen", sie warten darauf, dem Betrachter ihre Zuneigung, ihr Vertrauen beweisen zu dürfen. Der Mensch erscheint ihnen Bruder, Freund, gleichberechtigtes Geschöpf.

Über Wallers Landschaften liegt ein Hauch von Frieden und Ruhe, Hoffnung und Zuversicht.

Waller war, wie er selbst betonte, kein „Jagdmaler". Ihm lag die Jagd mit Pulver und Blei nicht. Tatsächlich soll Renz Waller nie mit der heißen Waffe zur Jagd gegangen sein, sondern nur mit seinen „wilden Gesellen", den Greifvögeln, stellte er dem Wild nach. Für ihn war die Freude seines „Rittanno", seiner „Medusa" und seines „Odin" mehr Befriedigung als die Freude an der geschlagenen Beute.

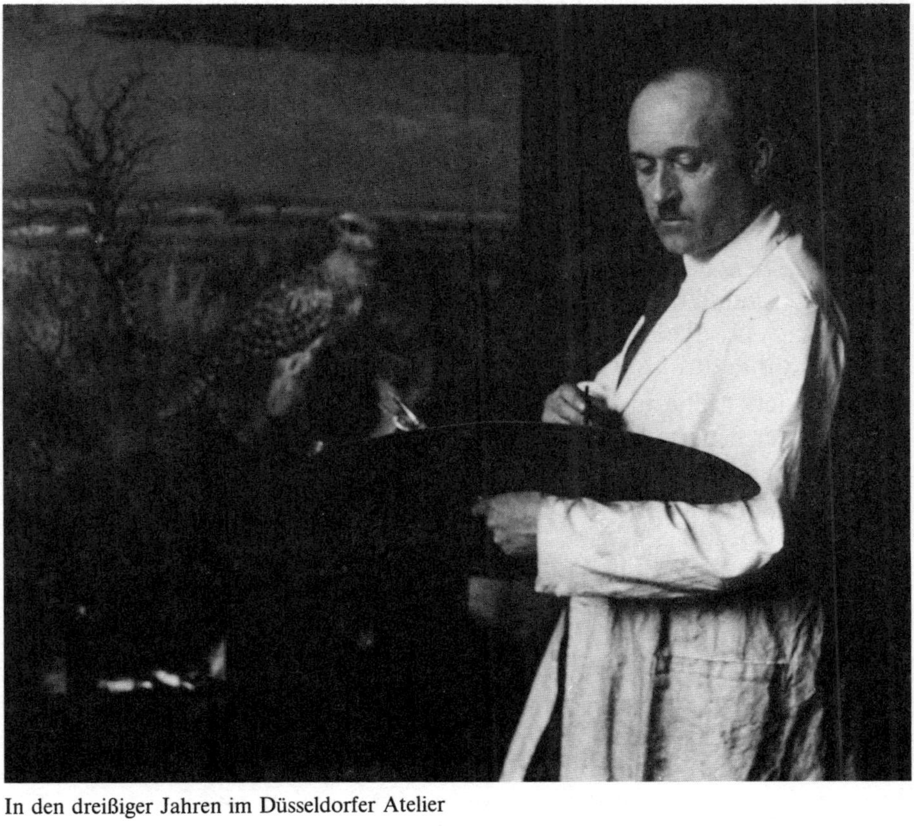

37 In den dreißiger Jahren im Düsseldorfer Atelier

Hundeporträts

Abbildungen Seiten 138, 194–200

Einen außerordentlichen Platz im Gesamtoeuvre Renz Wallers nehmen seine Hundeporträts ein. Gerade hier wird deutlich, warum sich der Meister ausdrücklich einen „Tiermaler" nannte. In keinem anderen Genre, bei keiner anderen Motiv- und Modellwahl zeigt sich Renz Wallers spezielle Begabung, Tiere künstlerisch als eigenständige Persönlichkeiten zu charakterisieren, so deutlich.

Ob Jagd-, Gebrauchs- oder Begleithund, stets treten uns Hundepersönlichkeiten gegenüber. Waller zeigt uns nicht nur Schönheit und Würde des ältesten „Dieners" des Menschen, sondern auch dessen große Tragik: – wie oft werden seine vertrauensvoll angebotenen Dienste, seine Liebe und Zuneigung in übelster Weise mißbraucht. Er wird bestraft anstatt belohnt, ohne daß sich seine Treue zum Menschen ändert.

Renz Wallers Liebe zu seinen vierbeinigen Freunden hielt sein Leben lang an – immer wieder entdeckte er Neues an ihnen. Er malte Hunde bis in sein hohes Alter hinein, ob Teckel, Münsterländer oder Beagles. Die Hunde waren ihm so wichtig, daß er z. B. bei der Anfertigung des Porträts von Dr. Heck (das Original des Bildes verbrannte in Berlin), die beiden Hunde des Professors in ganzer Figur als Gemäldestudie vorlegte, ehe er sie in das Bild hineinkomponierte. Hecks „Großer Bracke" erschien in Velhagen und Klasings Monatsheften, Juli 1943 als eigenständiges Gemälde.

Jahre später malte der Künstler den Rauhhaarteckel (Seite 197). Hier gelingt ihm das geniale Porträt einer Rasse, deren Individualität unter Hundefreunden sprichwörtlch ist. Selbstbewußt sitzt der kleine Kerl Modell, aber der Maler da vor ihm scheint ihn nicht zu interessieren. Er blickt aufmerksam nach links im Bild, fast ein wenig indigniert, als sei er über eine mögliche Störung unwirsch. Eine Hundepersönlichkeit tritt uns hier entgegen, der sich kein Betrachter entziehen kann. Der „Kollege Langhaardackel" hingegen zeigt einen ganz anderen Gesichtsausdruck, mehr pfiffig, man merkt, dieser so nett aussehende Hund wird sich durchzusetzen wissen, wenn nötig mit Finesse und kühlem Verstand.

Die mit Abstand besten Hundebildnisse sind jene, in denen der Hund in den Mittelpunkt der Beizjagd gestellt wurde. Es ist die Huldigung des Künstlers an den Hund, den Kameraden und Gehilfen des Menschen. Nicht nur der edle Kopf des Tieres ist in allen drei Gemälden hervorragend herausmodelliert, vor allen Dingen ist der Ausdruck des Antlitzes typisch für Wallers Tierporträts. Der freundliche vertrauenserweckende Blick, die hinreißende Eleganz, mit der das Fell gezeichnet ist, vor allem an Stirn und Kopf, lassen uns erkennen, was der Künstler mit diesen einzigartigen Bildern ausdrücken will: Die Gemeinschaft zwischen Greifvogel – Hund und Mensch ist mehr als eine reine Zweckgesellschaft.

Nicht statische, berechnete Pose, nicht Bewegungslosigkeit und starre Ergebenheit, sondern natürliche Bewegung und Aufmerksamkeit dominieren.

Wie immer in Wallers Werken bestechen die Details, die er genau, fast mathematisch, zeichnet, und die sich zu einer aufeinander abgestimmten Gesamtkomposition verdichten.

Waller besaß die Gabe, sich in jede Hundepersönlichkeit „hineinzuversetzen", ihre Individualität zu erkennen und wiedergeben zu können. Das ist die Größe seiner Kunst und machte seine Hundebilder so begehrenswert und gesucht. Hundebilder hat er sehr viele verkauft, unzählige auf Bestellung gefertigt, und ganze Postkartenserien mit diesen Werken sind in die Welt hinausgegangen.

Dennoch nimmt das Werk „Falkenkammer" in Wallers Gesamtwerk eine dominierende Stellung ein, da es überleitet zum Hauptmotiv seiner Bilder, zur Darstellung der Beizjagd, der Greifvögel und aller damit zusammenhängenden Accessoirs. Zweimal hat er den Vogelhund in Zusammenschau mit Falknergeräten und Falken gemalt, einmal mit einem Knaben.

Große Beute zeigt sich in diesen Werken nicht, nur eine Elster – aber wir sollen erkennen: Falknerei ohne Hund ist Stümperei! Der treue Hund ist genauso wertvoll wie die beiden Beizfalken – der Mensch fehlt auf diesem Gemälde, aber er wird angedeutet durch die Gegenstände und Geräte, die nur er gebraucht, wie Federspiel, Falknertasche und Sessel.

Die Falknerei

Abbildungen Seiten 150–159, 201–203, 207, 212 und 220

Seit seinem zunehmenden Engagement in der praktischen Falknerei in der Mitte der zwanziger Jahre steht dieses Gebiet eindeutig im Mittelpunkt des künstlerischen Schaffens Renz Wallers. Die Darstellung der Falknerei (vornehmlich Porträts von Greifvögeln) und der Beizjagd wurde zu dem Inbegriff seines künstlerischen Werkes. Nur ein Künstler hat sich in der deutschen Geschichte bisher in so objektbezogener Form diesem Genre zugewandt wie Waller: Das war der Künstler, der die Blätter der kaiserlichen Handschrift „De arte venandi cum avibus“ mit Marginalien und Greifvogeldarstellungen verzierte und Szenen aus der praktischen Beizjagd und der Ausbildung der Greifvögel zu Beizvögeln künstlerische Gestalt verlieh. (Nicht geklärt ist übrigens, wer dieser Künstler des hohen Mittelalters war – der Kaiser selbst, oder einer seiner Hofschreiber?)

Die in dieses Gebiet fallenden Werke Wallers kann man in drei Grundsujets einteilen: einmal gibt es die Darstellung der Greifvögel als Porträts, dann die Greifvögel bei der Beizjagd in Aktion (oder als wilde Greife); und schließlich die Darstellung des Beizwildes und anderer Wildarten.

Eines der bekanntesten Gemälde Renz Wallers aus der Gruppe der Greifvogelporträts ist das Bild von „Medusa“, seinem Beizhabicht. Der Vogel sitzt auf dem Sprenkel in erhabener Ruhe und schaut mit scharfem, gelben Auge nach rückwärts zum Betrachter des Bildes. In der dunkel getönten Umgebung (im Hintergrund wird schattenhaft eine Haustür angedeutet) sticht das scharfe Auge, umrandet von der hell leuchtenden Iris, besonders hervor. Der Habicht scheint sich seinem Schicksal ergeben zu haben. Er ist der Freiheit beraubt, sich jederzeit in die Luft abheben und abstreichen zu können. Doch das harte Funkeln im Auge läßt einiges erahnen vom unbändigen Freiheitsdrang dieses Tieres, das sich seinem Schicksal wohl nur deswegen ergab, weil es den guten Willen des

Im Mettmanner Atelier

menschlichen Besitzers erkannte. Die Einzelheiten des Federkleides sind hervorragend modelliert und mit einem meisterhaften Kolorit der Natur nachempfunden. Den Adel des Tieres erkennt man an seiner Haltung auf dem Sprenkel. Es hockt nicht krummkreuzig dort und zeigt keinerlei Furcht vor seiner Umwelt.

Während der Habicht sein Biotop als Tarnung und Versteck auszunützen versteht, verläßt sich der Falke allein auf seine Flugkünste, seine Schnelligkeit und seine starken und scharfen Fänge. Ritterlichkeit und Großmut zeichnen ihn aus, selbst dann noch, wenn er triumphierend auf der geschlagenen Beute steht, wie der Wanderfalke, der eine Krähe geschlagen hat. Ob in Ruhestellung auf dem Hohen Reck oder in Aktion, immer scheint der Falke aufmerksam die Umgebung zu betrachten, besonders nach oben zum Himmel schweift sein Blick, stets bereit zu starten und zu jagen. Polarfalken- und Wanderfalkenterzel zeigen dieselbe stete Angriffslust.

In Haltung, Blick und Ausdruck berichtet der Polarfalke auf Wallers Gemälde vom hohen Flug freier Falken in den Lüften. Das straffe Gefieder, die scharfrandigen Flügel, nichts ist an diesem Tier, was nicht optimal von der Natur für die ihm zugedachte Aufgabe geschaffen wurde. Meisterwerke der Schöpfung, das sind die Herren der Lüfte!

Der Falke war für Waller so etwas wie der Hochadel unter den Greifvögeln, deren Könige und Herrscher auf jeden Fall die Adler waren. Waller zog die Falken allen anderen Greifvögeln vor – vielleicht fühlte er sich geistig und seelisch mit ihnen „verwandt“. Er machte die Gestalt des Falken zum Symbol der modernen Falknerei und erhob Edelmut, Größe und geistige Gemeinsamkeit mit den „Brüdern der Lüfte“ zum Leitmotiv beim Abtragen und Nutzen der Greife zur Beizjagd.

Den Adler hat Waller nur selten künstlerisch verarbeitet. Vielleicht lag das daran, daß er einen gewissen Respekt vor dessen Kraft und Unberechenbarkeit hatte. Es existiert ein Bild, auf dem ein Adler einsam auf einem angedeuteten Baumstumpf steht. Nirgendwo gibt es hier eine Beziehung zur Umgebung oder zum Menschen, nicht einmal Geschüh ist als Andeutung für die Beizverwendung dieses Vogels gegeben. Das Gemälde stammt aus dem Jahre 1940, und Waller hat es wohl gemalt, um die Stärke dieses Tieres besonders herauszustellen.

Vor dem hellen Hintergrund des Bildes zeigt sich ein großer und mächtiger Vogel, das Urbild des Vogels Greif, mit kraftvollen Schultern und einem gewaltigen Schnabel, der nicht nur auf dem Bilde eine furchterregende Waffe darstellt. Dazu die gewaltigen Fänge und die selbstbewußte Haltung. Man kann durchaus erkennen: hier sehen wir einen König in vielerlei Hinsicht. Man versteht die Reserviertheit des Malers, der selbst als Falkner nicht allzu gerne diese Kraft und Macht des Vogels ausprobieren mochte. Der Adler, das erzählt uns Wallers herrliches Porträt, wählt sich seinen Freund aus und nicht umgekehrt. Wird ein Mensch von einem Adler erst einmal abgelehnt, so gilt die Abneigung für ein ganzes Adlerleben. Hingegen wird dieses Tier schnell locke, wie der Falkner sagt, wenn es in einem Menschen einen Freund gefunden hat. Sicher ist, daß Falkner, die sich einmal mit dem Adler versucht haben, von diesem Vogel so fasziniert sind, daß sie ihn jedem anderen Greifvogel als Beizvogel vorziehen.

Die Beizjagd

Abbildungen Seiten 186, 204–206, 208–211

Es ist schon eine hohe Kunst, einen still stehenden Greifvogel treffend und lebendig zu malen – noch schwieriger aber scheint es, das Szenarium hektischster dramatischer Bewegung aufs Bild zu bannen, so wie es bei Beizjagden erlebt wird. Waller beherrschte diese Kunst: Seine gemalten Beizszenen wirken so echt, daß sich der Betrachter die Wirklichkeit in allen Einzelheiten vorstellen kann. Es gilt Bewegung als Bewegung darzustellen und nicht, sie in Erstarrung zu verwandeln. Wir haben drei Bilder ausgewählt, an denen wir dies zeigen wollen. Sie zeigen ein und diesselbe Beizszene: Die Reiherbeiz, die als die Krönung falknerischen Erlebens schon im Mittelalter zur hohen Kunst der Beizjagd gehörte.

Bereits im Jahre 1925 stellte der Meister in Düsseldorf anläßlich einer Jagdausstellung seine erste „Reiherbeiz“ vor. Das Gemälde zeigt drei Vögel im dramatischen Kampf miteinander. Während der im Vordergrund fliegende Wanderfalke gerade einen Angriff abbricht, mit dem er den weit größeren Reiher zur Erde zwingen will, wartet der zweite Falke noch oben über dem Reiher und setzt zum Angriff an, um seinem Kompagnon zu Hilfe zu kommen. Man nennt in der Falknerei solche gemeinsam jagenden Falken deswegen „Kompaniefalken“. Noch gibt der große Reiher nicht auf, obwohl er den Schnabel geöffnet hat zum Schmerzensschrei – oder zum Kampfruf; denn die Reiher sind wehrhafte Vögel und suchen ihr Heil nicht in der Flucht, weshalb sie grundsätzlich nicht getötet wurden am Ende der wilden Jagd, sondern nur ein paar Federn lassen mußten, um dann wieder freigelassen zu werden. Die Erde ist nur angedeutet – das Drama spielt sich in großen Höhen ab.

Anwartender Wanderfalke (Gemälde von Renz Waller)

Noch turbulenter ist die Szene, die Waller uns mit seinem zweiten Bild „Reiherbeiz“ zeigt, das 1937 anläßlich der Internationalen Jagdausstellung in Berlin mit dazu beitrug, ihm die Goldmedaille einzubringen. Der Reiher zeigt hier noch keine Zeichen von Ermüdung und Verletzung. Er stürmt im reißenden Flug durch die Luft, und sucht den beiden ihn umkreisenden Falken zu entkommen. Beide scheinen sich gerade zu orientieren, um die günstigste Ausgangsposition für einen Angriff zu finden. Das Gemälde wirkt farbiger und daher bewegter und dramatischer als das erste: Der Betrachter erkennt hier weit besser die Wehrhaftigkeit des Verfolgten, dessen Verfolger nur zögernd den Angriff wagen.

Auf dem ersten Gemälde zeigt der Reiher Furcht und wendet seinen Blick angstvoll nach oben zum anderen Verfolger. Das zweite Bild zeigt einen Reiher, dessen Stirnfedern sich wütend sträuben, er behält mit scharfem Blick den rechts neben ihm fliegenden Falken im Auge, jederzeit bereit, seinen Schnabel gegen ihn einzusetzen.

Das dritte Ensemble, das dieses Thema behandelt, läßt uns einen Reiher erkennen, der nur noch ein Ziel hat, den beiden Falken zu entkommen und den sicheren Boden zu erreichen. Der eine Falke sitzt ihm bereits huckepack im Nacken, während der andere noch hoch oben anwartet, um dem Genossen zu Hilfe zu eilen, wenn der den letzten Rest nicht allein schaffen sollte. Dieses Gemälde brachte Renz Waller die Bronzemedaille der Internationalen Jagdausstellung von 1954 in Düsseldorf ein.

Es muß erwähnt werden, daß dieses Werk einen dokumentarischen Wert hat: Die Reiherbeize ist in Deutschland und allen europäischen Ländern schon seit Jahrzehnten verboten. Die Falkner haben schon vor dem Verbot aus eigenem Antrieb auf diese Art der Beiz verzichtet. Die letzten Reiherbeizen fanden hierzulande während der Zeit zwischen den beiden Weltkriegen statt, da zu diesem Zeitpunkt der Artenschutz noch nicht Priorität besaß. Möglicherweise wollte Waller mit dieser Darstellung des Schreckens sogar auf einen nötigen Tierschutz aufmerksam machen – wir wissen es nicht. Dem Betrachter jedenfalls berichtet dieses Bild in einzigartiger Form zwei konträre Geschichten: einmal die vom ritterlichen Falken, der den Gegner besiegen will, zum anderen die von der Furcht, die die Attacke beim Gejagten auslöst.

In einem anderen Bild zeigt uns Waller den Falken als Krähenjäger.

Der Künstler geht in diesem Bild von der Häßlichkeit der Krähen aus – so wie sie „der Mensch" empfindet (oder besser: wie sie dem Jäger von Jugend an nahegebracht wird). Dagegen stellt er die edle Gestalt und Flugkunst der Falken. Während die Krähen – farblich in stumpfem, glanzlosem Schwarz gehalten – fast wütend durch die Luft flattern und auseinanderstieben, schießt der Falke mit glattem bläulich glänzendem Gefieder in den Schwarm hinein.

Waller mag dieses und ähnliche Bilder (abgewandelt mit anderen Beutetieren wie Elstern oder Eichelhäher) zur Versöhnung der Jäger mit den Greifvögeln geschaffen haben. Aus der Geschichte des Deutschen Falkenordens wissen wir, daß die Jäger der Falknerei nicht immer wohlwollend gegenüberstanden und einige von ihnen die Falknerei im Gegensatz zur Jetztzeit für eine Spielerei hielten, die keinen jagdlichen Nutzen hat. Waller stellte ihnen den Greifvogel (den, der in freier Wildbahn Gleiches vollbringt) als einen „Schädlingsvertilger" dar, der die „Jagdschädlinge" Krähe, Elster oder Eichelhäher dezimiert und damit im Sinne der Jägerei „nützlich" ist. Eine Wertung solcher und ähnlicher Vorstellungen wollen wir an dieser Stelle nicht vornehmen. Aus Wallers Gesamtwerk aber können wir ableiten, daß er wohl beide Geschöpfe für liebenswert hielt: die schwarze Krähe mit den klugen, wissenden Augen sowie ihren Jäger, den schnell fliegenden Falken.

Ein weiteres Beispiel für Wallers Bilder von Beizjagden haben wir in dem Gemälde vom „Habicht, der einen Hasen schlägt" vor uns.

Der Habicht (und wenn der Falkner vom Habicht spricht, dann meint er grundsätzlich das Habichtweib) ist der Vogel vom „niederen Flug". Er erhebt sich nicht in die Höhe, sondern jagt dicht über dem Boden, was mit seinem Biotop zusammenhängt. Der Habicht lebt in buschiger Landschaft und in den Zonen des lichten Laubwaldes. Die Ausstattung seines

Flugapparates gestattet es ihm, kurze und schnelle Wendungen auf engem Raum zu vollziehen. Er ist also ein ausgesprochener Buschjäger.

Waller deutet dies in seinem Gemälde mit dem in der rechten unteren Ecke befindlichen Astwerk an, aus dem der Habicht anjagt und den Hasen nach wenigen Flügelschlägen greift.

Die hier dargestellte Art des Griffs ist nicht optimal. Hasen sind nicht das typische Beizwild des Habichts. In der freien Wildbahn jagen Habichte nur gelegentlich junge oder kranke Tiere.

Der Hase auf Wallers Gemälde zeigt einen angstvoll erstaunten Ausdruck, der durch das leicht geöffnete Geäse noch unterstrichen wird. Der Hase kann sich ja nur auf seine Schnelligkeit und Kraft verlassen, die eben in seinen Läufen liegt.

Wallers Beizhabicht zeigt nicht gerade eine hohe Intelligenz in seinem Angriff, der – blickt man genauer hin – eigentlich ziel- und richtungslos erfolgt; denn der rechte Fang wird nachzuziehen versucht, um die Beute wenigstens mit beiden Füßen halten zu können. Binden kann der Habicht mit diesem Angriff den Hasen nicht. Hierzu hätte er den Kopfgriff anwenden müssen, den er offensichtlich (nach dem Willen des Künstlers) nicht beherrscht.

Dieses Bild sagt: Der Mensch soll nicht Unsinniges oder Unmögliches von seinem Jagdkameraden verlangen, nichts, was die Kraft und Kondition des Vogels bei weitem übersteigt. Der Habicht ist ein Buschjäger für Kaninchen – und hier liegt seine eigentliche Stärke.

Der Mensch

Abbildungen Seiten 130–133, 213–219

Der Mensch als Motiv hat in Wallers Gesamtwerk eine nicht unbedeutende Rolle gespielt. Zwar galt sein überwiegendes Interesse der Darstellung von Tieren, doch hat er immer wieder auch Porträts von Freunden, Bekannten und Verwandten gemalt.

In den ersten Jahren seines Malstudiums an der Düsseldorfer Akademie lernte er bei Professor Kiederich das Porträtieren. Die künstlerische Auffassung vom Antlitz des Menschen entsprach den damaligen Anschauungen der Düsseldorfer Schule. Das Menschenantlitz wurde in der Darstellung idealisiert. Die Porträtmaler des beginnenden 20. Jahrhunderts versuchten nicht, den Charakter eines Menschen darzustellen, sondern sie gaben den „Festtagsausdruck" des Modells wieder. Leidenschaften aller Art zeigten die Gesichter nicht.

Renz Waller hingegen gab sich von Anfang an Mühe, in den Gesichtern seiner Modelle ihre „Lebenslandschaft" aufleuchten zu lassen. Mit zunehmendem Alter erreichte Waller eine wahre Meisterschaft darin, den Menschen durch das gemalte Porträt zu deuten.

In diesem Buch abgedruckt sind Porträts, die verschiedenen Schaffensperioden zuzuordnen sind. So stammen die beiden Kohlezeichnungen aus der Zeit, als Waller noch am Beginn seiner künstlerischen Laufbahn stand. Die etwas melancholisch dreinblickende junge Dame aus dem Jahre 1919 wurde noch während der Akademiezeit von Waller porträtiert. Möglicherweise war dies seine Abschlußarbeit. Etwas mehr Souveränität und Gestaltungskraft finden wir dann in dem Frauenporträt von 1926.

Im Jahre 1936 malte Waller seinen Freund und Altersgenossen Friedrich Graf von Mensdorff-Pouilly, der mit ihm zusammen den Deutschen Falkenorden 1923 in Leipzig aus der Taufe gehoben hatte. Im ersten Moment könnte man dieses Gemälde für ein Selbstporträt halten – Waller hatte eine frappierende Ähnlichkeit mit dem Österreicher, so daß sie fast wie Brüder aussahen.

Aus den späten fünfziger Jahren schließlich stammt das Porträt der jungen Frau mit dem Falken auf der Faust. Bei dem Modell handelt es sich um eine Nichte des Künstlers, nicht etwa um eine ambitionierte Falknerin. So erklärt sich auch die gewisse Distanz zwischen Mensch und Greifvogel, die dieses Bild zeigt.

Der Tiermaler Renz Waller, wie ihn einer seiner Freunde sieht

Auftragskunst

Abbildungen Seiten 50, 51, 196, 198, 199, 213–215 und 221

Über Geld sprechen Künstler und Theologen meist nicht gern. Daraus ist das Vorurteil entstanden, daß diese beiden Berufsgruppen grundsätzlich gegen Almosen für Ehre und Ruhm zu arbeiten hätten. Richtig ist, daß viele große Meister Zeiten bitterster Not durchlitten haben. Richtig ist aber ebenso, daß es nicht allen Künstlern in die Wiege gelegt wurde, das Leben eines Bohèmiens zu führen. Nicht nur persönliche Armut erzeugt Kunst.

Auf die Persönlichkeit, von der diese Biographie handelt, angewandt, bedeutet diese Erkenntnis schlicht: Renz Waller konnte von seiner Kunst recht gut leben. Er verkaufte seine frei geschaffenen Gemälde an eine wachsende Schar von Liebhabern – und er bekam genügend Aufträge (und nahm sie an), um sich ein keineswegs luxuriöses, aber doch angenehmes Leben gönnen zu können. Besonders lukrativ waren wohl die zahlreichen Tierporträts (insbesondere handelte es sich um Hunde), die er für die jeweiligen Besitzer der Vierbeiner anfertigte. Aber Waller empfand nichts Verwerfliches darin, besonders beliebte Motive, die er zunächst „frei“ gemalt hatte, in vielfachen Variationen als Auftrag zu „kopieren“ und zu verkaufen.

Eines seiner besten Auftragswerke ist wohl das Bild von Professor Lutz Heck, den er als Jäger mit seinen Bracken malte. Der Professor soll besonderen Wert darauf gelegt haben, daß die Hunde alle mit auf das Porträt kamen.

In den 30er Jahren erhielt Waller gelegentlich öffentliche Aufräge. U. a. porträtierte er den Reichsjägermeister Hermann Göring, der ein besonderes Faible für die Jagd mit Falken besaß. (Auf das Verhältnis Wallers und der Falknerei insgesamt zum NS-Staat gehen wir noch im folgenden Buchabschnitt ein).

Entwürfe für ein Tafelgeschirr (Flugwild = 47 Sujets)
Aquarell (einfarbig), Reproduktion nach Fotografien
Bezeichnet: „RW." (nur einzelne Stücke – siehe Bild rechts)

Einer der wohl lukrativsten Aufträge war die Erstellung von siebenundvierzig Entwürfen für ein Tafelgeschirr, das die Sèvres-Porzellan-Manufaktur in Paris am Ende des zweiten Weltkrieges für Hermann Göring anfertigte. Waller erhielt hierfür nicht weniger als 10 000 Reichsmark – damals eine ganze Menge Geld – als erste Rate.

„Die Entwürfe für das Haarwild waren G. Löbenberg in Auftrag gegeben. Das Flugwild mir. Zusammen mit Dr. Nicola Moufang, der diesen Auftrag bearbeitete, fuhr ich Ende des Krieges nach Paris, um die von mir gefertigten Entwürfe bei der Übertragung auf das Geschirr zu überwachen", schreibt Renz Waller im Vorwort zu einem Album, das die Entwürfe der beiden Kunstmaler enthält.

Zu sehen sind zwei Entwürfe – offenbar für Bratenteller gedacht – des damaligen „Jagdkunst-Papstes" Professor Löbenberg und die Entwürfe Wallers für die Tassen, Untertassen, Teller und Dessertteller des Services. Von diesem Service ist trotz des Krieges am 12. Januar 1944 noch ein großer Teil an Göring ausgeliefert worden. Wo er sich heute befindet, konnte nicht herausgefunden werden.

Nach dem Kriege hat Dr. Moufang versucht, dieses Porzellanservice wieder in die Produktion einer Manufaktur zu bekommen. Wie gesagt wird, sollen das Weiße Haus in Washington und Königin Elisabeth II. von England solche Service besitzen.

Trotz dieser offiziellen Aufträge (die sich im Vergleich mit anderen Künstlern recht bescheiden ausnehmen), wäre es absurd, bei Waller von einer „nationalsozialistischen Kunst" zu sprechen. Vergleiche der (vor und nach der Nazi-Zeit gleichermaßen erfolgreichen) Kunst Wallers mit den Werken von Malern wie Hans Adolf Ziegler, Elk Eber, Wolfgang Willrich, Sepp Hilz oder Johannes Beutner (um nur einige zu nennen) machen dies auf einen Blick deutlich.

Das Alterswerk

Renz Waller hatte in seinem Werk eine Mission, die seinem Wesenszug entsprach: Er wollte Tieren keine unnötigen Schmerzen körperlicher oder seelischer Art zufügen, sie tiergerecht behandeln. Möglicherweise nicht immer intellektuell gezielt, sondern oft unbewußt aus künstlerischer Intuition heraus, ließ er diese Grundeinstellung in sein Werk einfließen: Sei es, daß er die Furcht und Angst besonders herausstrich, die ein Beutetier befallen, sei es, daß er den körperlichen Schmerz zeigte, der ihm durch seinen Jäger angetan wurde. Die Mahnung liegt in der künstlerischen Überhöhung der Schmerzempfindung und der Hervorhebung durch virtuose Farb- und Formgebung.

Diese Tendenz zeigen insbesondere die Alterswerke des Künstlers zu einer Zeit, in der er selbst unter seelischem und körperlichem Schmerz zu leiden hatte. So liegt über Wallers Alterswerk, besonders jenen Werken, die er wiederholte und von Jugendwerken „abschrieb", eine leicht resignierende Melancholie, und die Beizvögel, seine Freunde und Gesellen, stehen fast teilnahmslos und an der Umgebung ziemlich uninteressiert auf der hohen Reck. Waller fühlte, daß seine Kräfte schwanden.

Besonders in seinem letzten (unvollendeten) Werk (Seite 224) zeigt sich die ganze Tragik des verlöschenden Lebens eines großen und bis fast ins hohe Alter hinein vitalen Künstlers. Dargestellt sind ein Fasan und ein Rebhuhn, beide „gestreckt", wie der Jäger sagt. In einem Brief schreibt er mit einer fast rührenden Ergebung in sein Geschick: „In meiner Familie sind die meisten im Alter um die achtzig herum verstorben, so werde auch ich nicht mehr viele Jahre vor mir haben, und ich muß mich sputen, die noch verbleibende Zeit zu nützen, um mein Haus zu bestellen."

Im Atelier Anfang der siebziger Jahre

Renz Waller starb 1979, kurz vor seinem 84. Geburtstag. Sein Lebenswerk wird nach seinem Tode fortgesetzt – nicht nur, indem unzählige Menschen Freude an seinen Bildern haben und die darin enthaltene Botschaft von der Tierliebe empfangen. Der Verkauf seines künstlerischen Nachlasses kommt, wie sollte es anders sein, voll und ganz dem Tierschutz und karitativen Zwecken zugute.

Zum Abschluß dieser Betrachtungen über den Künstler Renz Waller seien hier noch ein paar allgemeine Gedanken zur heutigen Kunst geäußert. Wir erleben heute eine Rückbesinnung auf die Meister des ausgehenden 19. Jahrhunderts, z. B. auf den Franzosen Adolphe Bouguereau, dessen Bilder noch vor kurzer Zeit bestenfalls als Kitsch und Glamourkunst abgetan wurden. Heute besinnen sich die Menschen immer mehr auf Werte wie Schönheit, Harmonie und Güte, so wie sie uns vor allem die Darstellungen der Natur zeigen. Man hat erkannt, daß die Auflösung aller Formen am Ende das chaotische Durcheinander bedeutet, aus dem niemand mehr entrinnen kann, es sei denn als Überlebender einer Katastrophe von kosmischen Ausmaßen. Der Mensch möchte wieder bei der ihn umgebenden – und schützenden – Natur in die Lehre gehen, um das Überleben zu lernen. Diesen „Trend“ nahm Waller mit seinen Bildern gleichsam vorweg, indem er uns diese bewahrende und sich immer wieder erneuernde Natur zeigt, indem er sie schlicht und einfach bildnerisch erzählen läßt.

Renz Wallers Werke sind, so gesehen, konservativ und fortschrittlich zugleich. Denn sie zeigen uns einen fortschrittlichen Weg hin zum neuen Einklang zwischen Natur und Mensch. Die Ursprünglichkeit der Schöpfung konservativ zu bewahren, heißt dem Fortschritt eines Miteinander und Füreinander der Lebewesen entgegenzugehen. Rückschritt, so berichten uns Wallers Bilder, aber bedeutet es, weiterhin diese Welt zu zerstören und zu vernichten.

II. Teil: Der Falkner

 Renz Waller mit Lannerfalken „Rabatz“ 1963

Zur Einstimmung

Zur Einstimmung in den Teil des Buches, der sich mit dem Falkner Renz Waller befaßt, lassen wir hier einen seiner besten und ältesten Freunde zu Worte kommen. Lorant de Bastyai lebt heute als Berufsfalkner in Großbritannien und leitet den dortigen Old Hawking Club. In seinem Buch „All My Life with Hunting Birds" lesen wir ab Seite 245 (Übersetzung vom Autor dieser Biographie):

Gedenken an den unlängst verstorbenen Renz Waller.

Wenn ein Falkner diesen Namen irgendwo genannt hört, hebt er sofort sein Haupt und spitzt die Ohren wie ein ausgemustertes Kavalleriepferd, sobald es den Klang der Hörner vernimmt. Traurig war es, als ich durch einen Brief, der zurückkam, erfuhr, daß Renz Waller verstorben sei.

Er hat ohne Zweifel ein sehr hohes Alter erreicht, obwohl man bedauern muß, daß er gerade jetzt sterben mußte. Zum ersten Mal hörte ich von Renz Waller, als ich 1939 in meine ungarische Heimat zurückkehrte und die Bildung einer ungarischen Falknervereinigung geplant war. Ich hatte seine deutsche Anschrift erhalten und so schrieb ich. Aus diesem bescheidenen ersten Brief entstand unsere Freundschaft und ein Briefwechsel, der erst jetzt durch seinen Tod beendet wurde.

Selbstverständlich war ich nicht sein einziger Brieffreund. Die Falkner schrieben an ihn aus aller Welt, von Alaska bis Südamerika, und von Nordeuropa bis Südafrika. Das hatte einen solchen Umfang angenommen, daß er viel Zeit dafür verbrauchte und sich oft bei mir beklagte, daß er kaum mehr Zeit für seine geliebten Jagdvögel und die Malerei übrig habe.

Er war ein hervorragender Künstler. Seine großartigen und seine bis ins Detail gehenden Ölgemälde und anderen Darstellungen, wie Ätzungen, waren ebenso hervorragend wie seine Kenntnisse über Greifvögel und Falknerei.

In seiner Lebensgeschichte schreibt er, daß er sich in jungen Jahren nicht habe trennen können von den Greifvogelabteilungen der einzelnen Zoos und Zoohandlungen. Er stand vor den Vogelvolieren, schreibt er in seinen Erinnerungen aus dem Gedächtnis und stellte sich vor, diese Vögel stünden auf der lederbehandschuhten Faust mittelalterlicher Edler und ringsherum das Jagdgebiet. Als er heranwuchs, bekam er seine ersten Habichte und wurde selbst Falkner. Zunächst las er alle Bücher über Falknerei, deren er habhaft werden konnte. Renz Waller gründete den Deutschen Falkenorden 1922–23. Der deutsche Club ist bei weitem der bestorganisierte Falknerclub der Welt gewesen.

Renz Waller kam einige Male nach Großbritannien, um hier Falknertreffen zu besuchen. In seinem Buch beschreibt er die schöne Zeit, als er eingeladen wurde, als Gast an der Krähenbeize des Old Hawking Clubs im Frühjahr 1925 teilzunehmen. (Der O.H.C. war der Vorläufer des heutigen British Falconer Club.) Die damals gemachten Fotos zeigen ein offenes Fahrzeug mit Falknertragen und verkappten Falken darauf stehend, drumherum stehen englische Setter. Im selben Buch ist eine Szene von Renz Waller selbst erwähnt, als der Berufsfalkner des Clubs Wallers Beizvogel von einer geschlagenen Beute aufnimmt, die dieser Vogel selbst gebunden hatte.

Wallers zahlreiche Artikel sind erschienen in den Jahrbüchern des DFO, in der weitverbreiteten Jagdzeitschrift „Wild und Hund" und in allen europäischen und amerikanischen Jagdzeitungen. Außerdem schrieb er selbst ein Buch: DER WILDE FALK IST MEIN GESELL (der Titel ist die Anfangszeile eines deutschen Volksliedes). Dieses Buch, zum erstenmal herausgegeben 1937, erlebte drei Auflagen mit stets neuem Material, vor allem neuen Fotos und Werken des Autors.

Meinem persönlichen Empfinden nach sind seine Gemälde und Skizzen Weltklasse. Seine Vorlagen waren immer wirkliche Ereignisse aus der Falknerei, sowohl zu Pferde wie mit Hunden. Ich erinnere mich an Carter Montgomery, einen jungen Falknerfreund aus den USA, der über England flog, um dann nach Deutschland weiterzureisen und Renz

Waller zu besuchen. Auf seiner Rückreise kam er nach Leamington und zeigte stolz das Gemälde eines Falken, auf dem Reck stehend, das er von Renz Waller erworben hatte.

Renz Waller war ein außerordentlicher Mensch. Er war groß und außerordentlich kräftig. Wenn er einem die Hand schüttelte, war es unvermeidlich, daß man danach jeden Finger einzeln vom anderen lösen mußte, so drückte er sie zusammen. Seine Gesundheit war unverwüstlich – mit 78 Jahren sah er noch immer um zwanzig Jahre jünger aus.

In Mettmann, einer kleinen Stadt nahe Düsseldorf, wo er wohnte, forderte er zu seinem 75. Geburtstag nach der Geburtstagsparty alle seine Falknergäste heraus zu einem Wettlauf auf einen Kilometer Distanz die Straße entlang. Unter den 8–10 Gästen, die seine Herausforderung angenommen hatten, waren einige um 20–30 Jahre jünger als Renz Waller. Doch er kam als erster durchs Ziel, ein Zeichen seiner Kraft. Fragte ihn einer, wie es denn möglich sei, daß er in seinem Alter noch hinter Falken und Habichten herlaufen könne im Feld, erwiderte er: „Ja, mein Freund, ich habe mich nie mit Heiraten geplagt – ich hatte einfach keine Zeit.“ Nach der Überzeugung vieler, die ihn kannten – und nach der meinen –: Er war verheiratet, aber mit seinen Vögeln, seinen Hunden und seiner Kunst.

Seine Beizvögel waren außerordentlich. Sein Habichtsadler Scheik, sein prächtiger Anwarter-Terzel Udo, sein Krähenfalk Andromeda, sein junger Falke von 1926 Laska, oder sein berühmter Rebhuhnfalke Gaugraf. –

Ohne Zweifel der beste von allen war sein Habicht Medusa. Sie war vom Grafen von Mensdorff-Pouilly in der CSSR aus dem Nest entnommen. Graf Mensdorff ist der zweitälteste Falkner auf dem Kontinent und lebt heute noch in Österreich. Medusa war der beste bekannte Habicht von allen. Viele Berichte wurden über sie geschrieben und viele Skizzen und Gemälde zeigen sie in ihrer bekannten Haltung in großer Pose. Der Name hatte sie berühmter gemacht als manchen anderen Vogel eines Falkners. Sie starb im Alter von 22 Jahren. Ihren Tod verursachte ein seltsamer Unfall. Ihr Reck stand unter einem schattenspendenden Baum, um ihr Schutz vor der heißen Sonne zu bieten, als ein toter Ast des Baumes infolge eines plötzlichen Windstoßes wegbrach und Medusas Kopf beim Herabfallen traf. Während ihres Lebens hat sie viele junge Habichte adoptiert und großgezogen.

Nicht nur Medusa erreichte von Wallers Vögeln ein hohes Alter. Der Falke Olaf wurde noch älter. Er kam zu Tode während des Brütens in einer Voliere; er war 23 Jahre alt.

Renz Waller war der erste Falkner, der Wanderfalken züchtete. Zu diesem Zeitpunkt hatte noch niemand an diese Möglichkeit gedacht, weil es noch reichlich Ergänzung für die Beizjagd aus freilebenden Beständen gab und keine Erlaubnis, sie zu fangen, notwendig war. Der Name des Terzels war Tanno und der Falke hieß Rittersporn, folgerichtig hieß ihr Nachwuchs Rittanno. Später züchtete Waller noch andere Falken sowohl nach als auch während des Krieges.

Renz Waller war nebenbei ein tüchtiger Präparator. Er präparierte seine Vögel nicht nur für sich selbst, sondern um sie kommenden Generationen von Falknern zu Demonstrationszwecken zu hinterlassen.

In einem Raum seines Hauses befanden sie sich alle, Medusa z. B., Waldmeister, ein anderer berühmter Beizhabicht, seine Wanderfalken Udo, Sophir, Laska, Kampfgesell, Tanno, Rittersporn und Elbis, sein Gerfalke. Sein letzter Beizvogel Olaf befindet sich ebenfalls dort. Er brachte diesen Vogel mit nach Woodhall-Spa zum Treffen des BFC und beizte mit ihm eine Fasanenhenne.

Sie sehen alle herab von ihren Regalen, als wären sie unsterblich. Ich vermute, daß sie nach dem Tode ihres Meisters in irgendein örtliches Museum gegeben werden oder vielleicht Renz Wallers Heim ein „Schrein der Falknerei“ werden wird, ein Platz zur Pilgerfahrt, um dort zum Ruhme und zum Andenken des großen Falkners Renz Waller sich Reverenz erweisen zu lassen.

Erste Gehversuche

Die Familie Georg Anton Wallers zog 1904 von Wiedenbrück nach Düsseldorf um. Renz Waller war acht Jahre alt. Es änderte sich für ihn viel. Nicht zuletzt war es in der Großstadt ungleich schwieriger als im ländlichen Wiedenbrück, der Freude am Tier- und Pflanzensammeln nachzugehen.

Trotzdem, Renz Waller nutzte seinen Schulweg, der ihn täglich an einer Zoohandlung vorbeiführte, um sich zumindest visuelle Kenntnisse über die in Gefangenschaft gehaltenen Vögel anzueignen. Anscheinend hat ihn damals – der allgemeinen Zeitmeinung entsprechend – nicht interessiert, daß diese Tiere eher in die freie Natur gehörten. Er mochte die übrigen Mitbewohner der Natur, doch hatten diese – wie man allgemein annahm – nur der Erbauung und Freude des Menschen zu dienen.

Die Interessen des einen Kindes konzentrieren sich auf Spielzeug aller Art, die des anderen auf die Zugehörigkeit zu einer Gruppe Gleichaltriger, und die des dritten schließlich auf die Natur und alles, was dort lebt und sich bewegt. Zur letzteren Gruppe, der mehr „Stillen im Lande“ gehörte der junge Renz, der wohl ein wenig Angst hatte, wegen seiner Interessen ausgelacht zu werden. Er hatte das Gefühl, sich gegen zwei „Gegner“ verteidigen zu müssen – gegen die Eltern und die Schulkameraden. Das mag ihn geprägt und in dem Willen bestärkt haben, an seinem Hobby erst recht festzuhalten.

Er zeigte schon damals einen ausgeprägten Instinkt für Anstand und Fairneß gegenüber der lebenden Kreatur. In seiner Gegenwart, so berichtet er uns in seinem Buch „Der wilde Falk ist mein Gesell“, wurde nie ein Vogelnest mutwillig zerstört.

Für die fliegenden Genossen hatte Waller schon von Kindheit an eine besondere Zuneigung. Er ging auf Spatzenjagd und bildete eine eigenwillige Jagdgerechtigkeit heraus. Im Sommer nämlich schoß er mit dem vom Vater erhaltenen Luftgewehr „nur" männliche Spatzen (er teilt uns allerdings nicht mit, woran er diese in ihrem Geschlecht erkannt haben will), im Winter dann beide – wohl aus dem Gedanken heraus, daß die Vögel um diese Jahreszeit keine Brut großzuziehen hatten.

Daß die schulischen Leistungen Renz Wallers nicht gerade die größten Hoffnungen für die Zukunft weckten, konnte bei den vielen anders gearteten Beschäftigungen des angehenden Falkners nicht ausbleiben. So mußte sich der Junge seinen ersten „Falken" selbst verdienen. Er hatte ihn vor einer Zoohandlung stehend im Laden erspäht. Allerdings – damals wie heute – haben die Inhaber derartiger Handlungen nicht immer die Güte, über die genaue Art der von ihnen gehandelten Tiere Auskunft zu geben. Vor allem, welche Voraussetzungen erforderlich sind, um einen Vogel, sei es ein Nymphensittich, ein Kakadu, ein Beo oder ein Wellensittich, artgemäß zu halten, erfahren die Käufer meist nicht. So kann es vorkommen, daß man, wie Renz Waller, einen Vogel kauft, ohne zu wissen, um welches Tier es sich hier tatsächlich handelt.

Renz Waller fragte hin und her und fand schließlich in Büchern die Gewißheit: Es handelte sich um einen Baumfalken!

Jetzt, als Renz Waller endlich einen eigenen „Falken" hatte, begann für ihn die zweite Phase der Falknerei – er begann ihn „abzutragen". Das heißt: Der damals 15jährige wollte mit diesem Vogel auf die Beiz gehen.

Gelesen hatte er noch nicht viel über die Beizjagd und darüber, wie man einen Greifvogel für diese Kunst „bereitet" (es mangelte ja damals an zugänglicher Fachliteratur, eine Lücke, die er selbst später einmal mithelfen sollte zu schließen). Immerhin, Waller wußte, daß man dem Vogel ein „gülden Ringlein" irgendwo anzubringen hätte.

Nur wohin? Da er gelesen hatte, daß zum Abtragen zwei Lederriemen benötigt wurden, die dem Falken jeweils an einen Fuß zu befestigen waren, schloß Waller logisch, daß wohl diese beiden Riemen durch den Ring zu verbinden seien – und so verfuhr er. Heute mag man über die kläglichen Versuche, einen „Falken" zur Beiz abzutragen, lachen. Aber bedenken wir, daß diese Versuche einer Kunst galten, die seit Jahrhunderten ausgestorben und die wiederzuentdecken der 15jährige Junge gerade aufgebrochen war. Renz Waller meinte damals sogar, das Ringlein müsse zwingend aus Edelmetall sein und besorgte sich ein „silbern Ringlein", weil ihm für das güldene die notwendigen Mittel fehlten.

„Alex“, so nannte Renz seinen Falken, war seinem Besitzer sicher dankbar für die geregelten Wohn- und Nahrungsverhältnisse. Über seine festgebundenen Fänge allerdings dürfte er kaum glücklich gewesen sein. Waller hatte, aus Angst, der Falke würde davonfliegen, das Tier an eine lange Hechtschnur gebunden. So konnte er zwar nicht fortfliegen, aber ebenso wenig jagen oder gar schlagen. Nach einem Jahr war es dann soweit: der junge Mann mußte seinen ersten „Beizfalken“ begraben. Seine Absicht, die Falknerei wieder aufleben zu lassen, aber war nur gefestigt worden.

Nun wurde mit Sperbern gearbeitet. Leider wußte Waller noch nicht, daß gerade Sperber zu den am schwierigsten zu haltenden Greifvögeln gehören und daß sie sehr empfindlich sind – vor allem bezüglich der ihnen gereichten Atzung (Nahrung).

So war es nicht verwunderlich, daß er den jungen Sperber nicht groß bekam. Daß der nächste, diesmal ausgewachsene Sperber ihm gleich beim ersten Öffnen des geräumigen Falknerhauses entfleuchte, diente wohl zur Lehre, daß man auf ein fliegendes Wesen besonders achten muß, wenn man es behalten will – und brachte ihm die Erkenntnis, daß eine Schleuse im Falknerhaus das Entweichen seines Schützlings verhindert hätte.

Renz Waller stieg immer weiter in die Materie ein. Bald kannte er den hohen Reck (oder: die hohe Reck, oder: das hohe Reck, keiner weiß bis heute, was richtig ist), doch benutzte er noch kein Recktuch, das eigentlich unentbehrlich ist; denn an ihm können sich die Beizvögel wieder hochangeln, wenn sie abgesprungen sind. Waller befestigte das Geschüh am Ring (nun hatte er den Sinn des „güldenen Ringleins“ erfaßt), der um die Reckstange lief.

Aber das Lernen ging weiter: Durch eine Anzeige in der „Deutschen Jägerzeitung“ ließ er sich einen Mäusebussard als „Habicht“ andrehen und wunderte sich dann über den fehlenden Schneid des Vogels . . .

Der 1914 ausbrechende Weltkrieg unterbrach Wallers Kunststudium und die Bemühungen um das weitere Erlernen der Falknerei. Trotz des harten Einschnittes, wie ihn der Krieg unweigerlich im Leben des jungen Mannes darstellte, blieb er seiner Leidenschaft treu. Er betrieb die Kunst der Falknerei mit immer mehr Vervollkommnung sofort nach dem Ende des Krieges erneut. Nicht einmal die Inflation konnte ihn abhalten, sich seinen „wilden Gesellen“, den Greifvögeln, zu widmen.

Eine Idee festigt sich

Waller hatte im Laufe der Zeit erfahren, daß sich Merline besonders leicht abtragen ließen. Er setzte eine Anzeige in die „Deutsche Jägerzeitung“, daß er Merline zu kaufen suche. Die Angebote blieben aus, aber es kam eine Karte von Dr. Dr. Friedrich Jungklaus aus Bielefeld mit der Frage, wozu Waller diese schönen und nützlichen Tiere eigentlich brauche.

 Renz Waller mit „Hasso“ 1920

Dr. med. Dr. phil. Friedrich Jungklaus, Bielefeld

Mit dieser Bekanntschaft zwischen Renz Waller, dem angehenden Praktiker der Falknerei, und dem Theoretiker Jungklaus beginnt eine neue Phase der Falknerei und des Wirkens von Renz Waller. Eine Freundschaft zwischen den beiden ungleichen Männern hat es gleichwohl nie gegeben – das Verhältnis war eher von einer gegenseitigen Achtung getragen.

Dr. Jungklaus übte einen großen Einfluß auf die falknerischen Neigungen des jungen Düsseldorfer Künstlers aus. Der Wissenschaftler Jungklaus (ein bedeutender Ornithologe) sah in der Falknerei eine Art germanisch-völkische Wiedergeburt.

Zusammen mit dem Orientologen und Ornithologen Hermann Kreyenborg gab Jungklaus Mitte der zwanziger Jahre die Falknerzeitschrift „Die Beizjagd" heraus, ein theoretisches Organ, das schon nach kurzer Zeit aus Geldmangel eingestellt werden mußte.

Es existiert ein Bericht vom ersten Besuch Wallers bei dem Falkentheoretiker. Dieser wollte zusammen mit Waller den Zigarettenkönig Garbaty besuchen, um von ihm Geld für sein exklusives Hobby zu erhalten. Zunächst aber war eine Übernachtung in Bielefeld, im Hause Jungklaus' vorgesehen.

Waller hatte seinen Beizhabicht „Wido" bei sich, der Garbaty zum

Geschenk gemacht werden sollte. Als „Gegengeschenk" hatte Jungklaus für Waller eine Falknertasche und ein Federspiel angefertigt.

Waller staunte nicht schlecht über das wundervoll antik eingerichtete Haus des doppelt promovierten Arztes in Bethel, das er allein mit seiner Frau bewohnte. Lediglich im Keller (!) waren in einigen kleinen Boxen je eine Kleine-Münsterländer-Hündin untergebracht, die Jungklaus zu Zuchtzwecken hielt.

Jungklaus schwärmte von der mittelalterlichen Jagd, von Bracken, Vogelhunden usw. und ließ viel von diesen Schwärmereien in sein Privatleben einfließen. Für diesen Arzt hatte die Jagd mehr einen idealistischen Sinn als den praktischen des Beutemachens – er war am Brauchtum interessiert und meinte, daß gerade die Falknerei als Bindeglied zwischen Orient und Occident dienlich sei, weshalb man sie wiedererwecken müsse zu neuer Größe und Bedeutung. Nachts lag sein Leibbracke auf einem seidenen Kissen vor seiner Schlafzimmertür (während die Zuchthündinnen im Keller bleiben mußten). Jungklaus' Erzählungen von Kesselpauken, die von den Falknern in früheren Jahrhunderten benutzt worden waren (zu welchem Zwecke war ihm allerdings unerfindlich), mag Renz Wallers spätere Komposition eines Falknersignals beeinflußt haben – jedenfalls erinnert vor allem der erste Teil des Signals an diese Instrumente.

Habicht „Wido" sollte auf Wunsch Jungklaus' am Tisch Platz nehmen, als die Dame des Hauses zum Essen bat. Waller gab zu bedenken, daß möglicherweise Komplikationen eintreten könnten, da der Habicht die Tischsitten nicht so recht beherrsche. Doch der Hausherr beharrte auf der Teilnahme des Habichts am gemeinsamen Mittagstisch, der mit erlesenem Porzellan und Silbergeschirr dekoriert war.

Eine kurze Zeit schien alles gut zu gehen, der Habicht schien sich der Würde seiner Umgebung bewußt und saß still auf seinem – „Reck" (einer Stuhllehne). Plötzlich aber ritt ihn der Teufel, er sprang in Richtung Fenster ab, wo das Licht herkam, riß die Stuhllehne gegen den Tisch und fegte schließlich mit den Schwingen Messer und Gabel, Geschirr und Speisen vom Tisch. Alles fiel durcheinander und ein großer Teil des Services zerschellte am Boden. Nachdem das Tohuwabohu aufgeräumt war, setzte man die Mahlzeit in bedrückter Stimmung fort – zuvor aber hatte man den Habicht doch lieber vor die Tür gestellt.

Am folgenden Tag reisten die beiden Falkner nach Berlin, stellten sich bei Eugen Garbaty vor und setzten danach ihre Fahrt nach Altdöbern (Garbatys Gut) fort. Wido wurde dort eingearbeitet und von Garbatys Förster an die neue Umgebung gewöhnt.

Durch Dr. Jungklaus lernte Renz Waller immer mehr an der Falknerei interessierte Männer kennen. Einer der wichtigsten unter ihnen war sicher der Arzt Dr. Fritz Engelmann aus Gera, der durch sein später erschienenes Kompendium „Die Raubvögel Europas, Naturgeschichte, Kulturgeschichte und Falknerei" weltbekannt wurde. Engelmann hat sich, ähnlich

Polizei-Verwaltung Düsseldorf.

Personal-Ausweis

Nr. 25/327

Inhaber.

Herr ~~Frau~~ Waller

Renz

Stand:

Geboren am: 3. 11. 95

Geburtsort: Wiedenbrück / Westf.

Staatsangehörigkeit:

Wohnort: Düsseldorf

straße Nr. 12

Personalbeschreibung.

Gestalt:

Augen:

Haare:

Gesichtsform:

Besondere Kennzeichen:

(Eigenhändige Unterschrift)

Renz Waller

Es wird hiermit bescheinigt, daß der Inhaber die durch die Photographie dargestellte Person ist, und die darunter befindliche Unterschrift eigenhändig vollzogen hat.

Düsseldorf, den 4. 4. 1921

Im Auftrage:

Oberstadtsekretär

M 2.00

Auch auf dem Personalausweis – mit Beizvogel

DFO-Gründungsmitglied Felix von Bressensdorf

wie Waller, alle Kenntnisse und Praktiken der Falknerei selbst erarbeitet, ohne Anleitung und Hinweise von irgendeiner Seite.

Er erforschte alles selbst, ob es sich um die Struktur der Federn handelte oder das Verhalten der Greifvögel in der Gefangenschaft bzw. in freier Wildbahn. Er führte außerdem einen umfangreichen Schriftwechsel mit Ornithologen, Kulturhistorikern, Zoologen und brachte erstmalig eine neue Disziplin in die Öffentlichkeit, die Tierpsychologie. Ihm blieb es vorbehalten als einer der ersten Falkner auf das Verhältnis zwischen Beizjäger und Beizvogel aufmerksam zu machen und die Frage zu erörtern, warum wohl der Vogel freiwillig beim Menschen bleibt. Damit hat erstmals nach Friedrich II. dieser Arzt eine umfassende Darstellung aller die Falknerei berührenden Probleme gegeben.

Waller lernte den Arzt zunächst nur brieflich kennen und zwar durch Dr. Jungklaus. Dr. Engelmann empfahl den jungen Künstler und Falkner, von dem er den denkbar besten Eindruck bekommen hatte, an Felix von Bressensdorf weiter, einem Buchhändler aus Leipzig, der ebenfalls für die Falknerei großes Interesse zeigte. Durch ihn machte in der folgenden Zeit die Falknerei im mitteldeutschen Raum, in Sachsen und Thüringen, große Fortschritte.

 Langsam kam der Plan auf, eine Art Gründungskomitee zu bilden, das die

Möglichkeit der Vereinigung interessierter falknerischer Kreise prüfen sollte. Ein Vorbild für eine solche Vereinigung gab es schon in Europa: den ehrwürdigen Old Hawking Club der Engländer, der die Zeiten überdauert hatte. (Später sollte Waller mit diesem Club und dessen Vorsitzenden, Captain Blain, in sehr enge Beziehungen treten.)

Daß Dr. Jungklaus die Falknerei als besonderes germanisch-deutsches Volksgut ansah, ist schon erwähnt worden. Bei Waller jedenfalls stand am Beginn seiner falknerischen Entwicklung sicher keine Weltanschauung Pate; es war lediglich die Freude daran, Jäger zu sein, und es war das außerordentliche Interesse an den Greifvögeln.

Aus dieser Einstellung heraus geriet er, als die Gründung einer Falkner-Vereinigung näher rückte, in Opposition zu Jungklaus. Dieser nämlich wollte eine derartige Vereinigung nur für Akademiker und/oder Gutsbesitzer offenhalten. Er strebte offensichtlich die Bildung einer Elitegruppe an, zu der „normale Sterbliche" keinen Zutritt haben sollten.

Zusammen mit Dr. Engelmann und von Bressensdorf wollte Waller alles daran setzen, daß die Mitgliederauslese à la Jungklaus und Kreyenborg (die beide dieselbe Position vertraten) nicht verwirklicht wurde. Waller hielt zwar die Falknerei für eine diffizile Angelegenheit, die ein besonderes Bewußtsein erforderte. Aber seine Vorstellung war eher die einer breitgefächerten Volksbewegung für die Falknerei. Dies sah er als einen Weg zu einem aktiven Natur- und Tierschutz, wie ihn die heutige Falknerei als Ziel auf ihre Fahnen geschrieben hat. Doch von alledem war man damals noch meilenweit entfernt. Erst einmal mußten die Widerstände im eigenen Lager überwunden werden.

Schließlich kamen die Männer des Gründungskomitees überein, es dem Zustrom an Mitgliedern zu überlassen, welchen Weg die Vereinigung nehmen würde. Es werde sich schon herausstellen, ob sich ein elitärer Club oder eine breite Volksbewegung bilden würde. Zu Ehren des Adels sei gesagt, daß von dieser Seite die Version der „Volksbewegung" lieber gesehen wurde als die elitäre Variante. Daß man selbst im Vereinswesen ohne das „Volk" nichts mehr vorantreiben konnte, hatten die adligen Führer wohl eher erkannt als die akademisch gebildeten Fachleute.

Nach und nach wurde der Gründungskreis immer größer. Es kamen die Herren von Langenn, von Vietinghoff-Riesch, von Biedermann, Alexander Graf Keyserlingh und Graf Korff-Schmising hinzu sowie der unvergessene Graf Mensdorff-Pouilly, den Waller später zweimal proträtierte.

Alle hatten großen Respekt vor Dr. Jungklaus, der die Falknerei in allen möglichen Sprachen studiert hatte, aber eben kein Praktiker war. Das war

Renz Waller mit seinem berühmten Habicht „Medusa"

Renz Wallers große Chance; denn er war in den Jahren der Gründungsgespräche der erste und einzige Praktiker der Falknerei, der nichts übernommen, sondern alles selbst erprobt und ausgearbeitet hatte. Man drängte ihn, er solle doch in dem zu gründenden Falknerbund zumindest eine führende Rolle spielen. Selbst Jungklaus bestürmte Waller, die Gründung nun doch voranzutreiben.

Als dann am 23. und 24. Mai 1923 in Leipzig im Central-Hotel eine Ornithologentagung von Fachleuten aus dem gesamten Reichsgebiet stattfand, entschlossen sich die Falkner, ihre offizielle Gründungsversammlung im Rahmen dieser Tagung abzuhalten. Der Verlagsbuchhändler von Bressensdorf bildete ein Organisationskomitee, lud die interessierten Leute ein und stand dem Komitee während der Gründungsversammlung vor. Neben ihm fungierte Dr. Engelmann als der erste Vorsitzende des bisherigen Falknervereins, der offiziell keinen Namen und keine Organisationsform hatte.

 Der Deutsche Falken-Orden (DFO) wurde geboren.

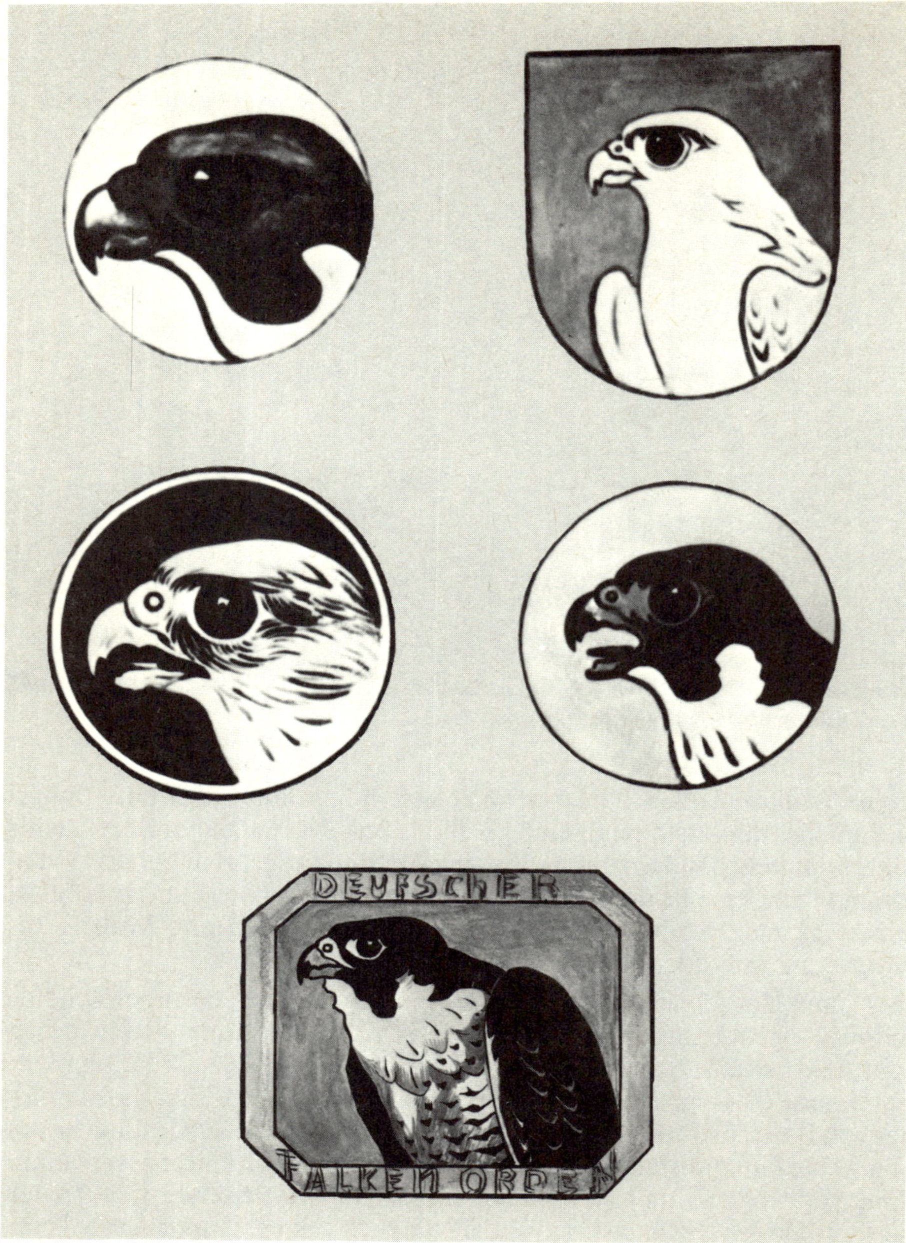

Entwürfe für das DFO-Abzeichen

Die Kinderjahre des Ordens

Um den Namen des neu aus der Taufe gehobenen Kindes gab es wenig Streitigkeiten. Man nannte ihn, um Dr. Jungklaus wenigstens in einem entgegenzukommen, „Deutscher Falken-Orden", mit dem Untertitel: „Bund für Raubvogelkunde, Raubvogelschutz und Raubvogelhaltung". Damit waren Ziel und Arbeitsumfang des neuen Vereins abgesteckt.

Er sollte kein elitärer Traditionsclub werden, sondern die Wiederbelebung der aktiven Beiz vorantreiben und eine Bewußtseinsänderung in der allgemeinen Anschauung bezüglich Greifvögeln und Eulen herbeiführen.

Ordensgelübde und Wahlspruch (1924)

Der Deutsche Falkenorden hat das Gelübde, keinen Falken zu töten, auch die übrigen Raubvögel zu schützen und selbst Habicht und Sperber dort gewähren zu lassen, wo sie nicht überhand nehmen.

Das edle Bild und Wesen des Falken, den hohen ästhetischen Wert dieser freiesten Geschöpfe der Natur, dieser Wappenvögel ritterlicher Tugenden gelobt der Falkenorden der Nachwelt zu erhalten, soweit es in seinen Kräften steht.

Der Falkenorden will die altehrwürdige Kunst der Falknerei wieder aufleben lassen, daß sie wie einst in einem schöneren, glücklicheren Zeitalter vereine jene gerechten Waidgesellen, die, aller geschmacklosen Vielschießerei abhold, unser edles Waidwerk einer höheren Aera entgegenführen wollen. Wir jagen nicht der Beute wegen, sondern um des Schönen willen bei der Jagd.

Dr. Engelmann erhielt den Auftrag, ein „Ordensbuch“ zu schreiben, in dem alles enthalten sein sollte, was ein Falkner wissen mußte, um praktisch beizen und für den Greifvogelschutz eintreten zu können.

Bei dieser Aufgabe wurde er von Dr. Jungklaus und Dr. Kreyenborg behindert. Diese nämlich hatten sich in den Schmollwinkel zurückgezogen und schossen nun aus dem Hinterhalt Pfeil um Pfeil gegen die neue Ordensführung ab. Sie verzögerten die Arbeit Engelmanns, indem sie behaupteten, selbst an einem entsprechenden Falknerbuch für den Orden zu arbeiten. In Wirklichkeit erschien lediglich ein handgeschriebenes wissenschaftliches Büchlein, das nicht auf die Praxis bezogen war. Kreyenborg verlangte immer wieder, daß Engelmann ihm die Manuskriptseiten seines Werkes vorzulegen habe (was dieser zu Recht verweigerte).

So verzögerte sich die Herausgabe des Buches „Die Raubvögel Europas“ um fast drei Jahre. Mehr als einmal schrieb Engelmann an Waller, daß er die Quertreibereien der beiden „Zwillinge im negativen Geist“ satt habe. Er lege seinen Auftrag nur deshalb nicht nieder, weil er dem Orden und den vielen Falknern, die ihm vertrauten, nicht in den Rücken fallen wolle. Waller beschwichtigte, gab Ratschläge und stellte eigene Erlebnisse und Erfahrungen für das Buch zur Verfügung. Viele andere trugen ebenfalls ihr Scherflein zum Gelingen dieses Buches bei.

Im Rahmen der offiziellen Gründungsversammlung wählte man einen Ordensvorstand. Erster Ordensmeister wurde der Ingenieur Schrader aus Hamburg, der erklärte, daß er bereits einen „Falkenhof“ besitze. Waller war über diese Lösung recht glücklich; denn er schätzte Schrader als einen aufrechten und vor allem sehr aktiven Mann.

Der neue Ordensmeister gab in der Folgezeit eine Zeitschrift heraus, die er „Der Ordensfalke“ nannte. Er schickte sie den Mitgliedern in der Hoffnung, diese würden ihm sein Werk honorieren. Schrader und Waller waren der übereinstimmenden Überzeugung, daß die Ordenszeitung die wichtigste Klammer zwischen den weit verstreut wohnenden Ordensmitgliedern war.

Um etwas mehr Geld in die Kasse zu bringen, versuchte der Ordensmeister die Beizvogelbeschaffung zu zentralisieren. Er kaufte im Namen des Ordens die angebotenen Greifvögel und verkaufte sie mit einem bescheidenen Aufschlag zugunsten der Ordenskasse an die Mitglieder weiter. Doch schlug diese Methode mit der Zeit fehl, weil sich Anbieter und Verbraucher wieder direkt in Verbindung setzten, um Geld zu sparen.

Eine weitere Sorge Schraders galt der Einrichtung eines Falkenhofes des

Zeitschrift des Deutschen Falkenordens, e. V.

Der Ordensfalke

Erscheint monatlich einmal, Bezugspreis 3 Goldmark vierteljährlich
Verlag und Schriftleitung: Ingenieur H. Schrader, Ostseebad Wustrow i. M. und Hamburg 19. Eppendorferweg 51

1. Jahrgang — Hamburg-Wustrow i. M., 1. Januar 1924 — Nummer 1

Falknersheil für 1924!

Der erste Ordensfalke!

Nur ganz bescheiden, schlicht und einfach konnte er sich einstellen, aber er kündet den Mitgliedern des Deutschen Falkenordens **frohe Botschaft!**

Wir haben durchgehalten, wir sind noch da und wenn auch die Not der Zeit und Sturm und Braus unsere Schwingen zerschlissen, unsere Reihen gelichtet haben, wir sind noch da! Wir haben widerstanden!

Falknersdank allen Mitgliedern, welche halfen, daß dieser erste Ordensfalke seine Schwingen breiten konnte zum ersten Fluge, zur frohen Botschaft, zum hellen, klingenden Falkenrufe: **„Heil und Gedeihen dem Deutschen Falkenorden!“**

Und nun ein ernstes Wort:

Manches Wort der Bemängelung und abfälliger Urteile wird wohl fallen über das eiufache, schlichte Kleid, in welchem der erste Ordensfalke vor die Mitglieder des Deutschen Falkenordens hintritt. Aber bemängelt und mäkelt nicht, helft, helft alle und helft weiter, die Ihr schon geholfen habt, **werbet für den Orden und spendet für den Ordensfalken!**

Ausstattung und Umfang, Druck und Papier, Bildschmuck und Text, alles wird besser und schöner und würdiger werden, **wenn Ihr helft.**

Der Bezugspreis muß für das erste Vierteljahr 3 Goldmark betragen, sendet sofort das Bezugsgeld an den Ordensmeister Ing. H. Schrader, z. Zt. Hamburg 19, Eppendorferweg 51, und helft weiter durch Beiträge zum Zeitschriftenfundus.

Wenn jedes Mitglied hilft durch pünktliche Einsendung des Bezugsgeldes und durch Beiträge zum Zeitschriftenfundus dann wird der „Ordensfalke“ das nächste Vierteljahr nur 2 Goldmark kosten müssen und womöglich doppelten Umfang haben oder gar schon Bildschmuck bringen können.

Falknersdank im Voraus!

Der Ordensvorstand
i. A.: Ing. H. Schrader, Ordensmeister

Pro domo!

Der erste „Ordensfalke“ gelangte an alle Ordensmitglieder zum Versand, gleichviel ob sie sich zum regelmäßigen Bezug bereit erklärten, oder dies bisher unterlassen haben. Die nächste Nummer unserer Ordenszeitschrift kann aber nur dann zugesandt werden, wenn das Bezugsgeld schnellstens eingesandt wird. Es möge berücksichtigt werden, daß jede Nummer unserer Zeitschrift wochenlang vorbereitet werden muß, daß z. B. Bildschmuck nur dann möglich wird, wenn die Mittel für die Druckstöcke so rechtzeitig vorhanden sind, daß die Vorarbeiten sofort getan werden können.

Die verehrten Ordensmitglieder wollen daher die Übersendung des ersten Bezugsgeldes nicht etwa auf die lange Bank schieben, denn die Versäumnis von nur einigen Mitaliedern kann herbeiführen, daß das Erscheinen der nächsten Nummer verzögert wird. Sollte wirklich die Übersendung des Bezugsgeldes aus irgend einem Grunde nicht möglich sein, so erbitten wir doch eine kurze Nachricht darüber, damit dann rechtzeitig der Zeitschriftfundus einspringen kann.

Der Zeitschriftfundus ist aber nicht ausschließlich dafür da,, daß er bei Ausbleiben von Bezugsgeldern einspringt, er soll vielmehr dazu dienen, daß unsere Ordenszeitung immer besser und umfangreicher ausgestattet werden kann, daß es möglich wird, die Auflage zu Werbezwecken zu vergrößern und schließlich, daß auch Beiträge entsprechend honoriert werden können.

Vorläufig ist es leider noch nicht möglich, für Textbeiträge auch nur das kleinste Honorar zu bezahlen, trotzdem bttien wir unsere verehrten Mitglieder und Gönner unseres Falkenordens auch auf diesem Wege zu helfen.

Insbesondere sind vorläufig Beiträge erzählenden Inhalts aus dem Falknerleben, von unseren Tagraubvögeln und deren Leben und Treiben erwünscht. Dagegen bitten wir, vorläufig Streitfragen und Polemiken zu vermeiden und ebenso Klagelieder über die Not der Zeit und Zeit der Not vorläufig beiseite zu lassen. Unser „Ordensfalke“ soll uns nur Erfreuliches und Erbauliches bringen, nicht nur unsere verehrten Mitglieder sollen ihn lesen, nein auch ihre Gattinnen und Kinder und anderen Angehörigen!

In den Familien und Kreisen unserer Ordensmitglieder muß es von jetzt ab heißen:

„Ist der „Ordensfalke“ schon da?!“

Die Schriftleitung und der Verlag

1. Ausgabe der Zeitschrift des DFO 1924

DFO. Er kaufte entsprechende Gelände und gab Anteilscheine zwischen 50 und 6000 Goldmark an Mitglieder aus. Dabei wurde ihm (zu Unrecht) unterstellt, den eigenen Vorteil zu sehr in den Vordergrund gerückt zu haben. Schrader trat nach kaum einem Jahr Amtszeit zurück.

Einer der wenigen, die ihn bis zuletzt unterstützten, war Renz Waller. Waller war auf der Gründungsversammlung, an der immerhin etwa 100 an der Falknerei Interessierte teilgenommen hatten, zum „Obergauleiter" gewählt worden, womit ihm die gesamte Organisation des Ordens oblag.

Er begann zunächst einmal damit, den Verband horizontal zu gliedern. Die Falkner kamen aus allen Gegenden des deutschen Reiches und wohnten weit verstreut. Es war daher sehr schwierig, eine einigermaßen funktionierende regionale Gliederung zu finden. Zu schaffen machte es Waller, daß bei vielen der anfänglich Interessierten bald die Begeisterung schwand. Schließlich brauchte man zur Falknerei nicht nur Idealismus, sondern auch viel Geld und Arbeitseinsatz.

Waller gliederte die Organisation in mehrere Gaue und für jeden von ihnen wurde ein Gauleiter eingesetzt. Einige „Gauleiter" reagierten auf die ihnen verliehene neue Würde gar nicht, andere schrieben, sie würden versuchen, sich im Interesse des Ordens zu engagieren und neue Mitglieder zu werben. Dies war zunächst einmal die vordringliche Sorge des „Obergauleiters" Renz Waller: die Breitenwirkung des Falknereigedankens in seiner vollen Bedeutung zu stärken und neue Mitglieder zu werben, nachdem (siehe oben) viele Austritte zu registrieren waren.

Waller verstand viel von Falknerei und Kunst – in der Frage der Organisation bewies er nicht unbedingt eine glückliche Hand. So machte der Falken-Orden nach außen zwar einen geschlossenen Eindruck, doch in Wirklichkeit war die Organisation viel zu pompös. Schrader, der dies erkannt hatte, war der Meinung, daß es erst einmal gelte, die Mitglieder näher an die Ordensleitung heranzuführen. Er war überhaupt der Ansicht, daß die Ordensarbeit mehr und mehr auf die Zentrale übergehen und sich weniger draußen im Lande durch Bildung immer neuer regionaler Zentren verzetteln sollte.

Zur Ordenstagung 1924, die zur „Grünen Woche" in Berlin stattfand, war eine beklagenswerte Situation entstanden – und das vorwiegend, weil die Herren vor lauter Idealismus vergessen hatten, den DFO auf eine solide finanzielle Basis zu stellen. Mit einem Mitgliedsbeitrag von zehn bis zwölf Goldmark im Jahr pro Mitglied waren die Aufgaben nicht zu bewältigen, die sich der Orden bei seiner Gründung gestellt hatte. Die vorhandenen Finanzen reichten nicht einmal aus, um die Portokosten zu bezahlen, die durch die Mitgliederpost und den Zeitungsversand entstanden. Geschweige denn war es möglich, die Druckkosten des Verbandsorgans „Der Ordensfalke" nur annähernd zu begleichen.

(„Der Ordensfalke" selbst bekam übrigens barsche Kritik aus der Mitgliederschaft: Man warf dem Redakteur und Herausgeber Schrader vor, ein „Sonntagsnachmittags-Kaffeeplauschblättchen" konzipiert zu haben.)

Geld und finanzielle Probleme schienen den Ordensmitgliedern geradezu peinliche Schmerzen zu bereiten. Ordensmeister Schrader war verzweifelt und zahlte zähneknirschend die Kosten für den „Ordensfalken" aus eigener Tasche.

So kam es schließlich auf der Ordenstagung 1924 zum Eklat. Schrader trat zurück, nachdem man ihm Korruption bei der Finanzierung des geplanten Falkenhofes vorgeworfen hatte (ohne jemals dafür den Beweis anzutreten). Die anwesenden Mitglieder standen kurz davor, den Orden ein Jahr nach seiner Gründung wieder aufzulösen.

Diese Entwicklung aber stieß auf den entschiedenen Widerstand von Renz Waller, der in seinem Votum für die Weiterexistenz des Verbandes bei Dr. Bischoff (Kreisleiter des DFO in Hamburg) ebenso Unterstützung fand, wie bei dem stets zum Ausgleich bereiten Dr. Engelmann sowie bei von Bressensdorf.

Die Herren des Ordensrates überlegten sich den Protest der prominenten Mitglieder. Vor allem war es wohl Renz Wallers Veto, das den Auflösungsbeschluß verhinderte. Der Orden bestand weiter, und neuer Ordensmeister wurde Clemens Graf Korff-Schmising, bis dahin stellvertretender Ordensmeister. Schrader trat nicht nur von seinem Amt ab, sondern verließ den Orden ganz. Man hat in Sachen Falknerei nie mehr etwas von ihm gehört.

Renz Waller hielt sich in der Folgezeit in der Führung des DFO noch im Hintergrund. Er tat seine Arbeit als Obmann für den Greifvogelschutz und knüpfte Verbindungen des DFO zu ausländischen Falknern und deren Organisationen an, vor allem zum Old Hawking Club in Großbritannien.

Im Jahre 1925 tagten die Falkner des DFO in Berlin und ließen sich dort vereint vom Fotografen aufnehmen. Auf dieser Fotografie sind die wichtigsten Männer aus der Anfangszeit des Ordens zu sehen, Engelmann, Korff-Schmising, Keyserling u.v.a. Renz Waller, als bescheidener junger Mann, hatte sich in die zweite Reihe gestellt...

Mit welchen Problemen sich Obergauleiter Waller in der Anfangszeit der Organisation herumzuschlagen hatte, beleuchten die Vorkommnisse um

Gründungsmitglieder des DFO 1925 in Berlin (von links nach rechts): Obere Reihe: Dr. Kreyenborg, Dr. Hauchecorne, unbekannt, Graf Keyserling, Kriegstädt; mittlere Reihe: Graf Korff-Schmising, Renz Waller, unbekannt, Sielhoff, Dr. Engelmann, unbekannt, Schön; vordere Reihe: von Bressensdorf, Frau von Bressensdorf, Frau Engelmann, Kabisch, unbekannt.

den Gauleiter des „Nordostgaus", Prof. Dr. Thienemann* (Mecklenburg, Pommern, Ost- und Westpreußen hatte man zum „Nordostgau" zusammengefaßt). Waller hatte sich zusammen mit einigen anderen Ordensmitgliedern von dem Vogelprofessor aus Ostpreußen einen großen Impuls im Nordosten des Reiches versprochen, war aber enttäuscht. (Die Geschichte der Falknerei in Ostpreußen darzulegen, würde den Rahmen dieser Biographie sprengen.)

Zunächst bekam Waller, leicht irritiert, den Eindruck, daß Thienemann von der praktischen Falknerei keine Ahnung hatte; denn er fragte bei Waller an, wie man wohl einen Habicht abtrage.

Thienemann aber erlernte das Handwerk schnell, irritierte die Zentrale des Ordens dann aber durch andere Aktivitäten: Er ließ das Abtragen seines ersten Habichts „Blitz" von der UFA dokumentieren und reiste dann mit einer Kopie des Films durch die Lande – als Werbung für die Falknerei. Daß er sich die Vorträge und Vorführungen bezahlen ließ, beschäftigte den DFO-Vorstand – aus heutiger Sicht völlig zu Unrecht – so sehr, daß man dem Professor deswegen Vorwürfe machte, die dieser

*) Thienemann machte als Ornithologe die (weltweit) ersten Experimente mit der Vogelberingung zur Erforschung des Vogelzuges.

verärgert über die völlige Verkennung seiner Lage und Absichten mit dem Verzicht auf sein Gauleiteramt quittierte. Bei einem zufälligen Treffen zwischen Thienemann und Waller in Mülheim/Ruhr kam es jedoch zu keiner Aussprache. Thienemann war ebenso unglücklich wie verärgert:

Einmal verlangte man von ihm, Mitglieder zu werben und monierte seine angebliche Untätigkeit. Wurde er andererseits dann aktiv, so sollte er diese Aktivitäten auch noch aus eigener Tasche bezahlen. Das waren Probleme, die in der noch jungen Falkner-Organisation einer gründlichen Klärung bedurften.

Ein wichtiges Betätigungsfeld Wallers, der mit der Zeit als der Fachmann für Falknerei im Deutschen Reich und weit darüber hinaus bekannt wurde, war die Beratung junger Anfänger. Vielfach hatten die Interessenten den Wunsch, man möge ihnen Beizvögel beschaffen. Diese Aufgabe war in jener Zeit relativ leicht zu bewältigen; denn die Schutzbestimmungen für Greifvögel steckten noch in den Kinderschuhen.

Zwar hatte die Arbeit des Ordens bereits eine gewisse Bewußtseinsänderung vor allem bei Jägern herbeigeführt. Aber die Taubenzüchter, die Fischer und Angler beharrten auf ihrem Standpunkt: Alles, was einen krummen Schnabel hat, muß weg. Hier galt es noch vieles zu verändern.

 Schaubeize anläßlich der Ordenstagung in Norderney. Waller mit Beizvogel

Der Durchbruch

Im Jahre 1929 hielt der Deutsche Falken-Orden seine Tagung wieder in Berlin im Rahmen der „Grünen Woche“ ab. Dieser Kongreß fand in einer Konsolidierungsphase statt: die Mitgliederzahl wuchs, und langsam wurde der Orden in der Jägerschaft anerkannt. Dies war mit ein Verdienst Renz Wallers, der sich sehr bemühte, den Orden näher an die Jägerschaft heranzubringen. Er hatte erkannt, daß die Falkner eine große Organisation benötigten, um ihre Pläne verwirklichen zu können.

Es schien insgesamt gut voranzugehen mit der Falknerei – und dennoch: ein Jahr später, auf der Ordenstagung in Meppen (26. bis 29. März 1930), geriet die Organisation erneut in eine schwere Existenzkrise – und niemand anderes als Renz Waller war es, der diese Krise meisterte.

Der damalige Ordenskanzler Fritz Blau hatte den Meppener Truppenübungsplatz für eine Schaubeize im Rahmen der Tagung angemietet – angeblich ohne Ordensmeister Korff-Schmising oder Greifvogel-Obmann Renz Waller zu verständigen. Dabei war es allein Wallers Aufgabe, für einen solchen Zweck die entsprechende Anzahl aktiver Beizjäger zu besorgen. Keine leichte Aufgabe, wenn man weiß, daß es damals an wirklich guten Falknern höchsten zehn, fünfzehn im Verband gab... Zu ändern war an dem Termin nichts mehr: Blau hatte bereits mit einer großer Anzahl von Plakaten zwei Schaubeizen (am Samstag und am Sonntag) angekündigt. Man erwartete dementsprechend einen großen Publikumszuspruch.

Waller stellte fest, daß auf der Meppener Tagung nur sehr wenige Beizvögel vorhanden waren: ein Wanderfalkenterzel von Mitglied Schaefer aus Koblenz, ein Merlin von Dr. Lewing, ein Sperber des Tierpflegers

Abele aus dem Kölner Zoo (diesem Vogel hing das linke Auge heraus, so daß er nicht gezeigt werden konnte). Schließlich war Renz Waller mit drei Beizvögeln angereist, dem Falkenterzel „Udo“ (als Anwarter), dem Wanderfalken „Laska“ (als Faustfalke für Fasanen und Krähen), sowie „Gaugraf“ – ebenfalls ein Wanderfalke – als Faustvogel auf Krähen.

Mit diesen wenigen Greifvögeln sollte nun eine große Schaubeize bestritten werden, von der das Publikum einiges erwartete – hatte Ordenskanzler Blau doch rührig die Propagandatrommel geschlagen.

Die Ordensmitglieder und der Vorstand wurden immer unruhiger. In der Vollversammlung vor der Veranstaltung herrschte eine gedrückte und schlechte Stimmung. Ordensmeister Korff-Schmising hatte die Vögel bis jetzt nicht einmal fliegen sehen, da er sich mit den Meppener Jägern zur Bekassinenjagd begeben hatte (ihn zog es im Grunde seines Herzens mehr zur Jägerei). Die Vorwürfe gegen Blau häuften sich, man warf ihm „Eigenmächtigkeit“ vor.

Schließlich legte der gräfliche Ordensmeister sein Amt nieder, weil er die vorhersehbare Blamage des Ordens nicht verantworten wollte. Korff-Schmising war nicht zu bewegen, das Amt wenigstens bis nach der Schaubeize am nächsten Tag zu behalten – man war wieder einmal drauf und dran, den DFO aufzulösen!

Und erneut: als einziger unter den Ordensvorständen war es Waller, der gegen eine drohende Auflösung protestierte. Die Herren sagten schließlich: „Wenn Sie meinen?!“, und Waller meinte – der DFO bestand weiter.

Vereinten Bemühungen Renz Wallers, Dr. Engelmanns und Felix von Bressensdorfs gelang es dann, das Ordensmeisteramt Prof. Dr. Otto Fehringer anzudienen. Er sollte sich einen neuen Kanzler wählen, der in seiner Nähe wohnte. Blau sollte das Amt bis dahin weiterführen.

Am nächsten Tag strömten dann die Massen zum Truppenübungsplatz Meppen in solchem Umfang, daß man die Polizei rufen mußte, um das Gelände abzuschirmen. Die Polizisten spannten ihre Seile aus und alle fünf bis acht Meter stand ein Beamter, quasi als „lebender Pfosten“. Renz Waller hatte durchgesetzt, daß ein Eintrittsgeld von fünf Reichsmark pro Person erhoben wurde. Das war 1930 eine Menge Geld, so daß man den Strom der Tausende nicht hoch genug einschätzen konnte. Es war ein Riesenerfolg für die Arbeit des DFO, dem es als relativ kleinem Verband gelungen war, Massen zu bewegen. Renz Waller hatte Recht behalten: Es bestand die latente Bereitschaft, sich mit den Geschöpfen der Natur zu befassen.

 Gegen 14 Uhr mußte die Polizei den Platz wegen Überfüllung sperren. Die

Mit Wanderfalke „Udo“ 1930 in Meppen

Ordensmitglieder und der Vorstand standen herum oder gingen verlegen auf und ab. Waller trat an den designierten Ordensmeister Dr. Fehringer heran und forderte ihn auf, die Veranstaltung mit ein paar Worten zu eröffnen. Der Professor weigerte sich mit dem Hinweis, er sei noch nicht gewählt. Daraufhin bat Waller, schon leicht verärgert, den Grafen Korff-Schmising, die Eröffnungsansprache zu halten. Der lehnte ab mit dem Hinweis, er sei nicht mehr im Amt. Ordenskanzler Blau kam nicht in Frage, da er Hemmungen hatte, vor Versammlungen zu reden.

Daraufhin nahm Renz Waller die Sache selber in die Hand (und man kann diesen Augenblick getrost den Beginn der „Ära Waller" im Deutschen Falken-Orden nennen): Er trat in die Mitte des Vorführungsplatzes und rief mit Stentorstimme: „Alles hört auf mein Kommando!" Die Ordensmitglieder erstarrten ob dieser Insubordination ausgerechnet des jüngsten Vorstandsmitgliedes, ließen sich dann aber doch im rechten Winkel zu den Zuschauern aufstellen, damit der Vorführraum frei wurde.

Renz Waller hatte kein Megaphon, so daß er die lange Reihe der Zuschauer entlangging und an drei Stellen jeweils seine Erklärungen abgab, damit alle zuhören konnten und wußten, was da vor ihnen geschah. Zunächst führte Dr. Lewing seinen Merlin vor, der einen großen Lacherfolg erzielte, als er auf dem Helm eines Polizisten aufblockte, von dem ihn der Falkner herabholte. Der Wanderfalkenterzel „Mars" aus Koblenz war der nächste Kandidat. Er schwang sich empor und verschwand zum Baden in Richtung Ems. Die Zuschauer wurden unruhig, doch dann kamen die Flüge der Wallerschen Greifvögel. Sie ließen sich durch den inzwischen niedergegangenen Regenschauer in keiner Weise beeindrucken und zeigten eine hervorragende Schau. Gebeizt wurde auf Vorlaßkrähen, Tauben und Fasanen – Fehlflüge gab es nicht.

Der Ex-Ordensmeister von Korff-Schmising und der noch nicht inthronisierte Nachfolger Prof. Fehringer sowie die anderen Ordensvorstandsmitglieder hatten sich am Abend schließlich gefaßt und rangen sich zu der Meinung durch, Renz Waller habe nicht nur den DFO, sondern die gesamte Falknerei vor einer Blamage bewahrt. Man feierte gründlich und beschloß, wie vorgesehen, am nächsten Tag die zweite Schaubeize durchzuführen.

Am Sonntagvormittag ließ Renz Waller dann erneut seine Beizvögel arbeiten. Bei frischem Wind, kristallklarem Wetter und blauem Himmel machte die Vorführung noch mehr Spaß als am Vortag. Zum Abschluß der Vorstellung warf Waller seinen Terzel „Udo" zum Hoch-oben-anwarten, dann ließ er ihn eine Taube schlagen, die der Terzel in rasantem

Graf Mensdorff-Pouilly zeichnet Renz Waller „In Aktion“

Angriffsflug dicht über dem Boden band. Die Zuschauer sahen begeistert zu und gingen hochbefriedigt wieder nach Hause, um ein ganz besonderes Erlebnis bereichert.

Als Gäste wohnten diesen Vorführungen bekannte Ornithologen und Zoologen sowie Jäger bei, u. a. Professor Geheimrat Dr. Lutz Heck (den Waller später „Papa Heck“ nennen durfte), Dr. Hauchevorne vom Kölner Zoo, Prof. Dr. Thienemann aus Rossitten, der bekannte Jäger Herzog von Kroy, Frau Professor Swain aus Holland und Ingenieur Horn aus Wien. Viele der Zuschauer waren so begeisterte Anhänger der Beize, daß sie mit Nachtlagern in den Scheunen der umliegenden Bauernhöfe vorlieb nahmen, um nur nicht die öffentliche Arbeit des DFO zu versäumen – und vielleicht den berühmten Falkner Renz Waller bei der Arbeit zu sehen.

Es war allein Wallers Verdienst, daß dieses Schaufliegen trotz der desolaten Lage im Orden zustandekam. Hätte er nicht in so gravierender und umwerfend vitaler Form in das Geschehen eingegriffen, wäre der DFO unweigerlich auseinandergefallen – und die Falknerei für alle Zeiten wieder in der Versenkung verschwunden. Als Dankeschön bekam Waller eine Leica und den Titel „Falkenmeister des DFO“. Sein Aufstieg hatte begonnen.

85 Renz Waller als Gegenstand der Karikatur

Die letzte Ordenstagung vor 1933 fand im Herbst 1932 in Gera statt, dem Heimatort Dr. Engelmanns. Bei der anläßlich der Zusammenkunft stattfindenden Schaubeize kamen einige der wenigen Habichte des Ordens zu Ehre und Ansehen. Georg Richter aus Berlin ließ hier erstmalig seine Habichte „Asta“ und „Hexe“ fliegen, die auf Zuruf beiritten. „Asta“ ließ sich ebensogut abwerfen, wie Wallers „Medusa“, jener berühmte Beizhabicht, der mit 22 Jahren ein biblisches Alter erreichte. Wieder waren nur wenige Beizvögel zur Tagung mitgebracht worden. Dr. Engelmann ließ seinen Falkenterzel nicht nur aufs Federspiel beireiten, sondern eine Taube schlagen.

Professor Fehringer hatte schon zu Beginn des Jahres 1932 seinen Rücktritt erklärt, da er mit dem Amt nicht zurecht kam. Er konnte sich nicht durchsetzen. Fritz Blau behielt, entgegen den Beschlüssen von 1930, sein Kanzleramt weiterhin inne, Fehringer übertrug sein Amt kommissarisch an Renz Waller. Besonders Felix von Bressensdorf, Dr. Fritz Engelmann und Georg Richter aus Berlin setzten sich dafür ein, dem Falkenmeister des DFO auf der Tagung in Gera offiziell das Amt des Ordensmeisters zu übertragen. Bressensdorf, ein Kavalier der alten Schule und korrekt-gradliniger Mann, trat auf Waller nach dessen erfolgreicher Wahl zu und sagte zu ihm: „Herr Waller, von nun an dürfen Sie nicht mehr „ich“ sagen, sondern nur noch „wir“!“ Ob von Bressensdorf damit den „Pluralis majestatis“ meinte, ist nicht überliefert.
Renz Waller begann, den DFO von Grund auf neu zu ordnen. Zwar blieb Clemens Graf von Korff-Schmising stellvertretender Ordensmeister, doch wurde Kurt Kleinstäuber anstelle von Fritz Blau zum neuen Ordenskanzler gekürt. Schatzmeister wurde Otto Barwisch, und um die Ordenszeitung kümmerte sich nun sein alter Freund und Kampfgesell der Falknerei, Graf Friedrich von Mensdorff-Pouilly, ein österreichischer Adliger, der ein Schloß in Chotelic besaß. In dieser Zusammensetzung ging der Vorstand des DFO in das Jahr 1933 hinein.

Die Falknerei wurde zur „Reichsfalknerei“ erhoben, der DFO bekam staatlichen Charakter und wurde zur Pflichtorganisation aller Falkner. Das Reichsjagdgesetz gab dem DFO umfassende Vollmachten, konnte der Orden doch bestimmen, ob ein Bewerber einen Falkner-Jahresjagdschein bekam oder nicht.

Die „Reichsfalknerei"

Für Renz Waller, inzwischen in den Club der „Senatoren der Jagd" aufgenommen, waren die dreißiger Jahre die produktivste Zeit als Falkner und Künstler. Sein vielleicht größter Erfolg während der Periode der „Reichsfalknerei" war die Einführung des Falknerjagdscheins und die damit im Reichsjagdgesetz verankerte gesetzliche Zulassung der Falknerei als eine besondere und gleichberechtigte Art des Jagens.

Schon in der Anfangszeit des Deutschen Falken-Ordens war es Wallers Wunsch, der Falknerei eine gesetzliche Grundlage zu geben. Aber wie sollte dies geschehen, angesichts der damaligen jagdrechtlichen Zersplitterung des Reiches? Es war ja nicht einmal möglich, regional den Schutz der Greifvögel durchzusetzen, geschweige denn, die gesamte Falknerei rechtlich zu regeln.

Waller versuchte es zunächst auf eine andere Weise. Er hatte sich schon 1924 an den Allgemeinen Deutschen Jagdschutzverband (ADJV) gewandt und dort um seinen Eintritt gebeten, der ihm mit Schreiben vom 28. Februar 1925 durch den ADJV-Bezirksverein Düsseldorf bestätigt wurde. Wallers Absicht war es, sich an die Jägerei anzuschließen und so einen starken Bruder zu haben, der die Falknerei auf dem Reichsgebiet stützen konnte und ihr zur Anerkennung verhalf.

So recht klappte das aber nicht, denn das Gros der Jäger blieb auf höflicher, oft aber ablehnender Distanz zu der eben neugeborenen kleinen Schwester der Jagd. Man war in damaliger Zeit bei den Jägern nicht gerne bereit, sich die Schießleidenschaft auf die „Raubvögel" durch die Hintertür nehmen zu lassen; wähnte man doch nicht zu Unrecht, der Zulassung und juristischen Festigung der Falknerei würde alsbald der ganzjährige Schutz der Greifvögel auf dem Fuße folgen. Infolge der Eingliederung des

ADJV in die „Reichsjägerschaft“ nach 1933 und dadurch, daß Hermann Göring als „Reichsjägermeister“ ein besonderes Faible für die Falknerei besaß, kamen Wallers Pläne einer gesetzlichen Regelung der Falknerei dann doch zustande.

Renz Waller sah in den dreißiger Jahren die Chance, eine zentrale Institution der Forschung und Ausbildung für die Falkner und die Beizjagd zu schaffen – ein ebenfalls lang gehegter Wunsch. Er trug seine Pläne dem Freund Friedrich Alpers, Generalforstmeister im Reichsforstamt, vor. Seit 1933 war der Volljurist Alpers bereits Staatsminister für Justiz und Finanzen im Lande Braunschweig in der Regierung Dietrich Klagges. Außerdem war er Gaujägermeister. Der Nachfolger Walter von Keudells, des ersten Generalforstmeisters unter Göring, war begeistert. Hier fand er, was er suchte, das Tüpfelchen auf dem i, das seinen Reichsjägerhof von allen anderen im Deutschen Reich deutlich abheben würde: den angeschlossenen Reichsfalkenhof. Alpers wurde später im DFO „Gaumeister Reichsfalkenhof Braunschweig-Riddagshausen“ und gehörte zum Ordensvorstand.

Links: Dr. h.c. Walter von Keudell, Generalforstmeister und Staatssekretär im Reichsforstamt 1934–1937. Rechts: Friedrich Alpers, Generalforstmeister und Staatssekretär im Reichsforstamt 1937–1945

Er ordnete an, daß dem Reichsjägerhof Braunschweig-Riddagshausen ein Reichsfalkenhof anzugliedern sei. Die Pläne sollte Renz Waller ausarbeiten, der nun schnellstens begann, die Kammern und Recks und all die anderen Einrichtungen zu konzipieren, die für eine solche Institution unbedingt notwendig waren. Nicht zuletzt mußte auf dem Gelände auch ein Wohnhaus für einen oder mehrere Berufsfalkner geschaffen werden,

Reichsfalkenhof Braunschweig-Riddagshausen (Gemälde von Renz Waller 1937)

der oder die dann die technische und fachliche Leitung des Falkenhofes übernehmen mußten.

Der gesamte Komplex wurde juristisch in eine „Hermann-Göring-Stiftung Grüner Jäger" eingebracht und – damaligem Brauch folgend – dem Reichsjägermeister „geweiht". Im Rahmen des Hainbergfestes 1935 wurde der Reichsfalkenhof in Betrieb genommen, und Falkenmeister Fritz Loges (ein Falkenschüler Renz Wallers) zum technischen Leiter berufen.

Damit hatte die deutsche Falknerei endlich das zentrale Institut zur Ausbildung der Falkner und Habichtler und für die Forschung auf dem Gebiet des Lebens der Greifvögel.

Daß nicht nur alle Falkner jetzt einen besonderen Falkner-Jagdschein besitzen mußten (es sei denn, sie waren im Besitz des Jahresjagdscheines der „Deutschen Jägerschaft"), sondern darüber hinaus noch Pflichtmitglieder des DFO wurden, gab dem Orden die Möglichkeit, über die deutsche Falknerei umfassend Aufsicht zu führen. Es entstand kein

 Falkenhof, ohne daß der DFO eingeschaltet wurde, und selbst Organisa-

Falkner-Jahresjagdschein
— Nur für Falknerjagd —
Gültig im ganzen Reich * Nr. 422
für Herrn Renz Waller
Tiermaler geb. am 3.11.95.
wohnhaft zu Düsseldorf, Kurfür-
Jagdkreis Düsseldorf. stenstr.
gültig vom 1.4. 1935 bis 31.3. 1936
Düsseldorf, den 27.4.1935.
Der Polizeipräsident
Im Auftrage:
(Unterschrift des Inhabers)
Für diesen Jagdschein ist eine Gebühr von 5.— RM. entrichtet

Falkner-Jagdschein, eingeführt 1935

tionen, die die Falknerei nebenher betrieben, mußten korporativ Mitglied im DFO werden. Im Mitgliederverzeichnis von 1940 befinden sich einige solcher korporativen Mitglieder von erheblicher Bedeutung.

Erstmals wurde die Falknerei reichsweit als gesetzlich zulässige Jagdart anerkannt und hing nicht mehr in der Luft zwischen Ornithologie und Waidwerk. Für die aktiven Falkner war es nicht schwer, umzuschalten und dem Ruf des Ordensmeisters zu folgen. Dieser legte zu dieser Zeit besonderen Wert auf die praktische Falknerei und wollte die alten Bräuche und Anordnungen beachtet wissen.

Die Falknerei, dies sei im Nachhinein gesagt, wurde mehr und mehr von einem traditionsbedingtem Nimbus eingehüllt, der ihr nicht besonders guttat.

Die Aufgabe, Greifvogelschützer zu sein, wurde zugunsten der Beizjagd vernachlässigt. Noch hatte man genügend Nachschub an Greifvögeln, die zur Beiz geeignet waren. Der Wanderfalke wurde von den Falknern ohne Bedenken genutzt, samt seiner Artgenossen, wie Saker, Lugger, Gerfalken und Merline. Die Korrespondenz, die der Ordensmeister in dieser Zeit führte, beschäftigte sich immer wieder mit Abtragungsfragen und -methoden, und der Frage, wie, woher und wieviele Sakerfalken, Gerfalken und andere Greifvögel man beschaffen könne. Vom Habicht – dem eigentlichen deutschen Allroundbeizvogel – oder dem Sperber sprach man wenig, und die „Habichtler“ im DFO waren in der Minderheit.

Zum Verständnis der damaligen Falkner muß man erwähnen, daß sich Ornithologen und Vogelschützer uninteressiert an der Falknerei zeigten und keine Einwände gegen die Aushorstungen der Wanderfalken vorbrachten, die in einer relativ großen Zahl alljährlich genehmigt wurden.

Die Ordensbeizen waren wahre Feste der Falknerei und wiesen mit großer Prachtentfaltung auf ihre Bedeutung hin. Im Gegensatz zur früheren Zeit fanden die Gautagungen nun alljährlich statt. Nach 1938 aber rissen die Beizen plötzlich ab, jedenfalls findet sich keine Berichterstattung mehr über sie – der Krieg nahte, und ab 1939 verhinderte dieser dann endgültig jegliche große Tagungen.

Das Mitgliederverzeichnis aus dem Jahre 1940 weist aus, wie weit die Falknerei im ganzen Reich verbreitet war, und daß sie ihre Anhänger unter allen Schichten der Bevölkerung fand. Man rechnete damals etwa 800 Mitglieder, von denen 200 bis 250 aktiv die Beize ausüben.

Mitgliedskarte des DFO (Radierung von Renz Waller)

Das Ansehen im Ausland

Im Ausland fand die deutsche Falknerei Anerkennung und Beachtung. Man bewunderte die Organisation und Tüchtigkeit der deutschen Falkner und fand die Erfolge beachtlich. Daß die deutschen Falkner ihre Aufgabe ernst nahmen und viel Geld und Arbeit investierten, hatte den ausländischen Kameraden vor allem der Reichsfalkenhof bewiesen. Nirgendwo sonst gab es eine solche Institution, die das Modernste enthielt, was die Falknerei überhaupt bieten konnte. Vor allem waren es die Ausstellungen, mit denen die deutsche Falknerei bereits in den zwanziger Jahren auf sich aufmerksam gemacht hatte und die alle unter der Leitung von Renz Waller entstanden waren (z. B. schon 1925 in Düsseldorf).

Zum eindeutigen Höhepunkt wurde dann die Internationale Jagd- und Fischereiausstellung 1937 in Berlin. In zwei Hallen stellten die Falkner ihre Exponate aus. Es wurden Gegenstände aus zahlreichen Ländern der Erde, sogar aus Japan, gezeigt.

Die Falknerschau setzte einen Glanzpunkt in der Geschichte der Falknerei und vor allem im Leben Renz Wallers. Zum erstenmal war es gelungen, eine weltweite Schau der Falknerei zu organisieren und einem breiten Publikum zugänglich zu machen.

Man legte allerdings, wie es in dieser Zeit nicht anders zu erwarten war, besonderen Wert darauf, die Falknerei als „deutsches Traditionsgut" herauszustellen. Gemälde alter Meister waren aus dem ganzen Reich herbeigeholt worden, um die Geschichte der Falknerei aufzuzeigen. Die Beizjagdbilder Wallers waren mit ein Höhepunkt der Ausstellung. Er wurde für seine künstlerische Leistung mit einer Goldmedaille ausgezeichnet.

Die Buchausstellung in der Falkenschau war ebenfalls imponierend. Von alten Werken bis zur neuesten Falknerliteratur war vertreten, was auf diesem Gebiet Rang und Namen hatte. Exponate aus Zeiten, die 400 und mehr Jahre zurücklagen, zeigten die Beizjagd in ihrer Blütezeit, von der heutige Falkner nicht einmal mehr träumen können.

Diese Ausstellung hatte eine große Breitenwirkung in die deutsche Bevölkerung hinein, ebenso wie sie das Ansehen der deutschen Falkner im Ausland festigte.

Falknerausstellung Düsseldorf 1925. Erste große Präsentation des DFO

Das Verhältnis zum NS-Staat

Zwei Tatsachen müssen, wenn man die Geschichte der Falknerei in den dreißiger Jahren beschreibt, festgehalten werden: Die deutsche Falknerei und damit ihr oberster Repräsentant, Renz Waller, erlebte ihren Durchbruch und ihre Blütezeit während der Zeit der NS-Herrschaft. Und Renz Waller war seit 1937 eingeschriebenes Mitglied der NSDAP. Dies besagt aber nicht, daß Waller ein „hundertprozentiger Nazi" war und alles und jedes guthieß, was um diese Zeit geschah.

Unzweifelhaft ist, daß Waller zusammen mit Reichsführer SS Heinrich Himmler das Gelände für einen SS-Falkenhof ausgesucht hat, der dann später im KZ Buchenwald errichtet wurde. Wie weit er bei dieser Gelegenheit Einblick in das wirkliche Geschehen in einem solchen KZ erhielt, ist nicht überliefert. Jedenfalls ist gegen Renz Waller im Zusammenhang mit dem Bau und dem Unterhalt des SS-Falkenhofes nie von irgendeiner Stelle ein Vorwurf erhoben worden.

Aus Gründen der geschichtlichen Dimension dessen, was in Buchenwald geschah, und als Mahnung, daß so etwas nie wieder geschehen darf, ist es dennoch wichtig, die Vorkommnisse um diesen SS-Falkenhof zur Kenntnis zu nehmen. Wir dokumentieren an dieser Stelle Auszüge aus dem Bericht des ehemaligen Häftlings im Lager Buchenwald, Leopold Reitter (Häftlingsnummer 4227). Er war ab 1939 dort interniert und sagte am 25. April 1945 vor den Vertretern der US-Army u. a. aus:

„Zur Unterhaltung und Zerstreuung des neuzeitlichen nazistischen Adels wurde auf Befehl des Reichsführers SS Himmler der Falkenhof gebaut. Es ist eine Gruppe von Bollwerkhäusern, in denen Adler, Falken, Habichte und andere Raubvögel untergebracht waren, die zum Teil auch zu Jagdzwecken benutzt werden sollten. Zum Bau dieser Bollwerkhäuser

wurden nur ausgewählte starke Eichenstämme benutzt und die Ausführung war architektonisch wunderschön gestaltet. In der Mitte befand sich eine Kaminhalle in gotischer Bauart, möbliert nach alten Musterstücken in luxuriöser Ausführung.

Das alles konnten sich die nazistischen Banditen erlauben, da die Arbeiten von Häftlingen (meistens Juden) kostenlos durchgeführt wurden und es spielte gar keine Rolle, wenn täglich eine Anzahl Häftlinge tot ins Lager gebracht wurde. Die Kameraden mußten im Falkenhof tagtäglich von früh bis abends mit leerem Magen die schwersten Arbeiten unter der Knute der SS durchführen. Nur wenige haben überlebt.

Nach Fertigstellung war im Falkenhof ein ständiges Arbeitskommando in Stärke von sechs bis zehn Häftlingen zum Füttern oder Reinigen eingesetzt. Verwundungen durch Bisse und Festkrallen der Raubvögel, die fast immer Blutvergiftungen zur Folge hatten, waren diesem Kommando die Belohnung für ihre anstrengende Arbeit, bei der die SS mit Schlägen nie gespart hat.

Zum Falkenhof gehörte weiter ein Tiergehege... Noch im Jahre 1944, als im Lager große Hungersnot herrschte, bekamen die Raubvögel, Bären und Affen täglich Fleisch, das selbstverständlich aus der Häftlingsküche genommen und so der Verpflegung der Häftlinge entzogen wurde. Die Bären bekamen außerdem Honig und Marmelade, die Affen Kartoffelbrei mit Milch, Haferflocken, Zwieback, weißes Brot usw. usw. Solche Nahrungsmittel sind den Häftlingen im Lager schon jahrelang nicht mehr auf den Tisch gekommen..."
(Dokument 31/98, Buchenwaldarchiv, Weimar-Buchenwald)

Wie gesagt, gegen Renz Waller sind im Zusammenhang mit derartigen perversen Vorgängen niemals irgendwelche Vorwürfe erhoben worden. Dennoch kann man nicht an der Feststellung vorbei, daß niemals, auch nach 1945 nicht, von irgendeinem Vorstandsmitglied des DFO oder von Renz Waller selbst, ein einziges öffentliches Wort des Bedauerns über einen derartigen Mißbrauch der Falknerei zu hören gewesen wäre. Dabei war Waller, wie ausgeführt, sicher kein „Nazi". Dem stand schon allein sein Drang zur Selbständigkeit entgegen. Zweimal hat er offizielle Angebote von Göring und Alpers ausgeschlagen, zum hauptamtlichen Ordensmeister und Regierungsrat/bzw. -direktor ernannt zu werden. Es war ihm sogar eine Dienstvilla, die sein Eigentum werden sollte, der Professorentitel und ein Atelier samt Malklasse angeboten worden. Waller lehnte jeweils ab, weil bei den Angeboten der Beitritt zur SS zur Bedingung gemacht worden war.

Außerdem ist überliefert, daß er mit persönlichem Einsatz den Pfarrer Houben aus Düsseldorf-Lohausen vor dem KZ bewahrte und ihm damit möglicherweise das Leben rettete. Der Pfarrer hatte in seiner Kirche gegen die Nationalsozialisten gepredigt (es gab hin und wieder einige couragierte Kirchenmänner, die aus der von den Bischöfen verordneten wohlwollenden Neutralität ausbrachen), was zur Folge hatte, daß man ihn verhaftete und per Schub nach Berlin in die Prinz-Albrecht-Straße überstellte, zur Aburteilung vor dem „Volksgerichtshof" des Herrn Freisler.

Wie jeder weiß, handelte es sich nicht um ein Gericht und schon gar nicht um eines, das vom Volk eingesetzt worden war. Es war nichts anderes als die Blutmaschinerie eines pervertierten Justizapparates.

Waller wurde unterrichtet und ließ seine Verbindungen zu Alpers/Göring spielen. Nach einem Tag Haft wurde Pfarrer Houben wieder freigelassen und kehrte nach Lohausen zurück.

Das war sicher keine Tat des aktiven Widerstandes gegen das Regime – sie zeigte aber, daß Waller seinen persönlichen Abstand dazu und sein Gefühl für die Würde des Menschen auch in der Zeit der braunen Diktatur nicht verloren hatte.

Das vorläufige Ende

Während des zweiten Weltkrieges kam die Falknerei mehr und mehr zum Erliegen. Schaubeizjagden konnten nicht mehr durchgeführt werden. Es wurde von Monat zu Monat schwieriger, die Vögel zu ernähren. Es war alles rationiert, und die Rationen reichten gerade zum Leben für die Menschen. An Zuteilungen für Hunde, Katzen oder gar Beizvögel war nicht zu denken. Es ist erstaunlich, daß trotzdem viele Beizvögel den Krieg überstanden haben, soweit die Falkner im Westen wohnten und nicht aus den Ostgebieten zur Flucht gezwungen waren. Der Reichsfal-

 Waller-Atelier in Berghausen bei Berleburg

kenhof verringerte seine Bestände, und die Greifvögel, die übrigblieben, konnten nur ernährt werden, weil man Jagd auf Kleintiere (Mäuse, Eichhörnchen usw.) machte. Schließlich wurde der Hof noch vor Kriegsende liquidiert.

Die Falknerei in Deutschland schien am Ende. Dennoch: gerade in jener Zeit, als die bisher so in den Vordergrund gestellte „aktive Beizjagd" praktisch zum Erliegen gekommen war, brach ein neues Zeitalter in der Falknerei an, das ihr später zum Weiterleben verhelfen sollte.

Es wäre nämlich, ohne den Einschnitt des Krieges, unmöglich gewesen, in der bisherigen Form weiterzumachen. Nachdem man bisher die Beizjagd allein als aktiven Tier- und Naturschutz betrachtet hatte (und auf besonderen Greifvogelschutz keinen Wert legte), war abzusehen, wann die natürlichen Bestände an freilebenden Vögeln nicht mehr ausreichen würden, um weiterzubeizen.

So bedeutete es einen kaum in seinen Dimensionen zu ermessenden Durchbruch, daß Renz Waller 1943 den ersten erfolgreichen Zuchtversuch eines Wanderfalken melden konnte. „Rittanno" hieß der berühmte Greifvogel, der als erster Falke in Gefangenschaft gezogen wurde.

Verständlich, daß Waller – wie jedem Forscher – im ersten Moment des Erfolges die wirkliche Bedeutung seiner Zucht nicht gleich klar wurde. Er stellte Überlegungen an, wieweit man durch entsprechende Kreuzungen einen „optimalen Beizvogel" heranzüchten könnte, der die Schnelligkeit des Falken, die Wendigkeit des Habichts und die Kraft und Stärke des

Familientreffen in Berghausen 1943

Adlers in sich vereinigen könnte. Letztlich aber war es diese Zucht Rittannos, die ein Überleben der Falknerei überhaupt ermöglichte: Auf seinen Versuchsergebnissen, auf seiner Methode konnten künftige Geschlechter aktiver und engagierter Falkner gerade in Zeiten rigider Maßnahmen des Greifvogelschutzes aufbauen.

Heuernte in Renz Wallers Kleinbauernhof in Berghausen 1944

Renz Waller und seine Angehörigen (seine Mutter sowie seine Schwester Maria) saßen seit 1943 im Wittgensteiner Land in Berghausen bei Berlebung. Er bemühte sich, mit eigener Landwirtschaft den größten Hunger zu verhindern.

Nach 1945 dann begann er die Falkner, soweit er die Anschriften noch hatte, anzuschreiben. Er wollte, nun zum drittenmal in seinem Leben, alle seine „Kinder" wieder um sich scharen, um, sobald es die Verhältnisse erlaubten, den Deutschen Falkenorden wiedererstehen zu lassen.

Eine Vorstellung, wie dieser neue Orden aussehen sollte, wie er zu organisieren war und welche Ziele er sich vordringlich stecken sollte, gab es um diese Zeit nicht. Für Renz Waller stand nur eines fest: die Falknerei sollte nicht untergehen.

Der Wiederbeginn

Nach vielen Vorbereitungen und ebenso vielen Rückschlägen war es soweit: Die erste Versammlung des Deutschen Falken-Ordens nach dem Kriege wurde 1951 in Heimbach/Eifel abgehalten, zu einem Zeitpunkt, da die Bundesrepublik die Jagdhoheit noch nicht von den Alliierten zurückbekommen hatte.

Renz Waller hatte lange gewartet, bis er diese Tagung einberief; denn er hegte die Hoffnung, daß die Teilung Deutschlands nur von begrenzter Dauer sei und eine Wiedervereinigung bevorstünde.

Eine stattliche Anzahl ehemaliger Mitglieder des DFO hatte sich inzwischen bei Waller gemeldet, und neue Adepten der Falknerei waren hinzugekommen. Diese Falkner drängten immer heftiger, endlich eine Gründungsversammlung einzuberufen.

Die Tagung in Heimbach sollte ursprünglich ohne Beiz stattfinden. Erst in letzter Minute entschloß man sich, doch zwei Schaubeizen abzuhalten und holte hierfür die entsprechenden Genehmigungen ein. Die Veranstaltungen wurden ein großer Erfolg. Viele Besucher waren gekommen, die erstmals nach dem Kriege wieder die Falkner bei der Beizjagd sehen wollten.

In der Versammlung selbst ging es hoch her, wie Waller später selbst berichtete. Er wollte den Vorstand, wie er vor 1945 bestanden hatte, im wesentlichen unverändert wieder installieren. Doch den neuen Mitgliedern bot sich, so Waller, ein desolates Bild des Ordens. Dr. Harry Frank, aus Rostock in den Westen geflüchtet, und Max Hulverscheidt versuchten, die Versammlung zu sprengen. Schließlich erzwangen sie, gemeinsam mit Dr. Beckers aus Köln und Hubert Fischer, die Neuwahl des Vorstandes. Es gab die erste geheime Wahl (per Zettel) in der Geschichte des Ordens.

Renz Waller, der die geheime Wahl eigentlich für überflüssig hielt und gegen sie votierte, ging aus ihr gleichwohl als neuer Ordensmeister hervor. Er erhielt 56 Stimmen. Vier Falkner wählten Ingenieur Summa, einen Neuzugang, der den Orden erst nach dem Kriege kennengelernt hatte.

Ein anderer Neufalkner, Dr. Harry Frank, wurde zum Vizekanzler gewählt. Man stellte ihn damit dem im Amt verbleibenden Ordenskanzler Dr. Schlüter zur Seite, da dieser in der Vergangenheit wenig Aktivitäten gezeigt hatte.

Auf der Tagung in Heimbach wurde zum erstenmal Kritik am Namen des Verbandes laut. Der DFO sei doch ein Verein wie jeder andere, hörte man, und Bezeichnungen wie Ordensmeister, Kanzler und Schatzmeister seien überholt. Erst viele Jahre später war eine solche Meinung im Deutschen Falken-Orden mehrheitsfähig.

Die nach Heimbach nächste Tagung fand im Raum der schönen Pferdestadt Verden (Aller) statt. Für die gleichzeitig stattfindende Schaubeize war der Jurist Dr. Harald Fischer zum „Platzmeister" (eine von Waller neu erfundene Position) ernannt worden.

In Verden zeigte sich, daß es der Verband (und sein Ordensmeister Waller) im Laufe der Jahre gelernt hatte, die finanziellen Interessen der DFO gut zu vertreten. In Verden jedenfalls hatte man Spenden des Forstverbandes Niedersachsen in Höhe von DM 4000,– eingeheimst und erhob dennoch Eintritt für die Schaubeize. Fischer wollte mit Rücksicht auf weniger betuchte Bevölkerungsschichten einen Obolus von 50 Pfennig pro Person entrichten lassen. Nicht so der Ordensmeister. Er wußte, was seine Falkner wert waren. Er diskutierte solange, bis der Eintrittspreis auf drei Mark heraufgesetzt worden war – und zwar für den sogenannten II. Platz. Für den neu eingerichteten I. Platz (also ganz vorne, bei den Falknern) wurden gar fünf Mark verlangt.

Die Strategie ging auf: Die ersten Plätze waren ausverkauft, die zweiten Plätze mäßig besetzt – die Aufschwungphase der Bundesrepublik hatte halt schon begonnen, und den Leuten saß das Geld wieder etwas lockerer in der Tasche.

Der Ordensmeister flog seinen Wildfang „Junker", aber es wurde nur auf „ausgelassenes Wild" gebeizt, weil die freie Beizjagd – besonders für Falken – aus Geländegründen nicht möglich war. Der Platz war von Wald und Busch umgeben, so daß die Falken nicht ausfliegen oder anwarten konnten.

Renz Waller nimmt „Primas“ vom Federspiel auf

Im Jahre 1954 brachte die internationale Jagd- und Fischereiausstellung in Düsseldorf einen weiteren Höhepunkt im Leben und Wirken Renz Wallers. Er richtete diese Schau aus und bekam für seine ausgestellten Gemälde eine bronzene Medaille.

Vom 20. bis 23. Oktober 1955 fand in Handorf (Westfalen) die nächste Ordenstagung statt. Hier stand Waller noch einmal im Glanze seiner Funktion als Ordensmeister des DFO.

Doch zwei Jahre später, im Verlaufe der Ordenstagung in Schwarzenbeck (24. bis 27. Oktober 1957) gab es den großen Einschnitt in der Nachkriegsgeschichte der Falknerei und des DFO.

Renz Waller tritt ab

Die sich immer mehr ausbreitende Opposition gegen Renz Waller, vor allem gesteuert von einem Falkner aus dem Rheinland, Dr. Beckers, war erfolgreich. Die Getreuen um Waller fürchteten mit Recht, daß ihr Idol in Schwarzenbeck abgewählt werden könnte, wenn er nicht einen ehrenvollen freiwilligen Abgang vorziehe. Dr. Schlüter und Schatzmeister Salmen bemühten sich daher intensiv, dem Ordensmeister klar zu machen, daß er die Falknerei und die Einheit des Ordens nur retten könne, wenn er sein Amt zur Verfügung stelle. Nach langen und aufreibenden Erörterungen ging Waller auf diesen Vorschlag ein. Jeder kann sich vorstellen, was es für diesen Mann, der sein ganzes bisheriges Leben der Falknerei gewidmet hatte, bedeutete. Er meinte, das Opfer von Intrigen zu sein, und man kann sich dieses Eindrucks wirklich nicht erwehren, liest man den sehr kritischen Brief, den ein Gegner Wallers 1979 nach dessen Tod schrieb:
„*...Ich bin überrascht, daß selbst kritisch denkende Menschen geneigt sind, den Ausführungen eines Renz Waller einen gewissen Wahrheitsgehalt zuzubilligen... In der Tat hat mir Waller niemals die von mir betriebene und erfolgreich durchgesetzte Ablösung durch Herrn Dr. Brüll verzeihen können. Ich habe seinerzeit in der Sorge um eine drohende Fehlentwicklung des Ordens mit meinen Freunden einen neuen Weg angestrebt... Alles, was dieser Mann (Waller, d. Verf.) zu Papier brachte, enthält nicht den Keim der Wahrheit... Obgleich ich Waller seit 1946 kannte, habe ich nie die Beobachtung eines zuverlässigen und wahrheitsorientierten Erinnerungsvermögens machen können. Dieser Mann war wohl dafür zu spontan, zu egozentrisch und zu eitel. Waller diente nie der Falknerei, diese war für ihn nur ein Mittel der Selbstdarstellung. Eine junge und kritische Generation hatte dies nach dem Kriege rasch durchschaut...*“

Dieser eine Gegner stand nicht allein. Die „Modernisten", denen die Traditionspflege mit der Priorität der aktiven Beizjagd als eine Fehlentwicklung erschien, sammelten sich, hielten Heerschau und beratschlagten, wie man den alten Ordensmeister (Waller war damals erst 62 Jahre alt) am besten stürzen könne. Einige bestanden darauf, es auf die geheime Wahl ankommen zu lassen. Andere meinten, man solle ihm durch seine Freunde nahelegen lassen, das Amt niederzulegen. Man wollte ihn dann zum Ehrenordensmeister ernennen.

Renz Waller gab sich dem tragischen Irrtum hin, er könne nach seinem Rücktritt den Orden aus dem Hintergrund weiter leiten. Er unterstützte daher die Wahl Dr. Brülls, in dem er vielleicht noch den schüchternen Studenten sah, der ihn 1934 freundlich um Material für seine Dissertation „Das Leben deutscher Greifvögel" gebeten hatte. Doch aus Brüll war inzwischen ein selbstbewußter und erfolgreicher Wissenschaftler geworden.

Renz Waller (3. v. l.) auf dem internationalen Falknertreffen in Rom 1967

Die Jahre nach 1957 waren überschattet von dem Grundsatzstreit zwischen Waller und Brüll. Auf die persönlichen gegenseitigen Vorwürfe, die von beiden Seiten wenig gentlemenlike vorgetragen wurden, wollen wir hier nicht eingehen. Auf jeden Fall uferte der Riß zur unüberbrückbaren Kluft aus, über die es nicht einmal mehr einen wackeligen Steg gab.

Sachlich muß man im nachhinein feststellen, daß der Weg, den die Männer um und mit Dr. Brüll in der Zeit nach 1957 gegangen waren, richtig war und den Fortbestand der Falknerei sicherte. Daran ändert Wallers aus der Verbitterung heraus gesprochenes Wort nichts, der DFO sei zu einem „Geflügelzuchtverein“ heruntergekommen. Heute besteht überhaupt kein Zweifel mehr, daß die Greifvogelzucht lebensnotwendig ist zum Überleben der Falknerei.

In der Folge der Ordenstagung 1957 kam es zum großen Schisma. Unter Berufung auf die Tradition der einstmals berühmten Ortelsburger Jäger entwickelte sich der „Orden Deutscher Falkoniere (ODF)“.
Hieran war Hans Reinecke, ein Freund Wallers, maßgeblich beteiligt. Zusammen mit einigen Gleichgesinnten faßte er 1959 im November auf der Sennhütte im Osterwald/Harz den Entschluß, eine neue Falknerorganisation unter dem Namen Neuer Deutscher Falkenorden zu gründen. Renz Waller erfuhr von diesem Vorhaben und protestierte, vornehmlich, weil er gegen die Namensähnlichkeit zum DFO war.

Im Februar 1962 wurden dann schließlich die Gründungsunterschriften zur Eintragung ins Vereinsregister in Hildesheim geleistet. Man nannte sich nunmehr Orden Deutscher Falkoniere. Zu den Mitgliedern gehörten u. a. Wilhelm und Eberhard Walter, Tassilo von Gause und Friedrich Wilhelm Ehlerding, der heute Ehrenmitglied des ODF ist. Die Auszeichnung der Ehrenmitgliedschaft wurde auch Renz Waller 1974 zuerkannt. Im ODF stand die Beizjagd im Mittelpunkt, und die Greifvogelzucht wurde als „Beschaffung von Beizvögeln“ als notwendiges Anhängsel betrieben.
Die zu persönlichem Haß ausufernde Grundsatzdiskussion in der Falknerei führte zur Spaltung nicht nur in der Bundesrepublik Deutschland, sondern auch in Österreich. Dort bildete sich aus dem Österreichischen Falknerbund der Österreichische Falkner-Orden als zweite Organisation.

In der DDR endlich wurde die Falknerei ebenfalls wiedererweckt und mühelos in das neue sozialistische Jagdsystem einbezogen.

Der Ruhm klingt nach

Beim internationalen Falknertreffen in Abu Dhabi, 1967

Die Grabenkämpfe im deutschsprachigen Raum (Glückwunschtelegramm des DFO zu Wallers 74. Geburtstag: „Hiermit die Ihnen zustehende Gratulation zum Geburtstag. DFO") haben dem Altmeister Renz Waller im Ausland keinerlei Abbruch an Ehre und Ansehen gebracht. Im Gegenteil, gerade in den letzten Jahren seines Lebens häuften sich die Ehrungen. Waller wurde in fast allen Falknerorganisationen Ehrenmitglied, hier und da sogar Ehrenpräsident auf Lebenszeit (so bei den mexikanischen Falknern). So berühmte Falkner wie Lorant de Bastyai, priesen sich glücklich, ihn als Freund ansprechen zu dürfen, und Dr. Felix Rodriguez de la Fuente aus Spanien warb bei Waller nicht vergeblich um Fotos und Bilder für sein Buch „El Arte de Cetreria". Humphrey ap Evans nannte Renz Waller in seinem hervorragenden englischen Buch „Falconry" „The almost legendary German falconer, Herr Renz Waller" und brachte ein Bild von ihm. Im Buch eines englischen Autors namentlich und fotografisch gewürdigt zu werden, widerfährt nur wirklich großen Männern, deren sportlichen Geist, fachliches Können und menschlich einwandfreien Charakter man schätzt.

Zum letzten Male in der Öffentlichkeit sah man den großen und trotz seiner 80 Jahre vitalen Mann bei den Falknern des ODF, wo er im Kreise seiner Freunde den Geburtstag feierte.

 Wanderfalkenterzel „Götz" (jetzt im Besitz v. Richard Kämpf)

Zum Ausklang

Zum Ausklang dieser Würdigung Renz Wallers als Falkner lassen wir wieder einen seiner ausländischen Freunde zu Wort kommen. Dr. Erich Awender aus den USA schrieb in der Ausgabe 1979/80 des „Journal" der North American Falconers' Association (Übersetzung durch den Autor dieser Biographie):

Die moderne Falknerei betrauert ihren Führer. Mit großer Trauer und dem Gefühl eines schmerzlichen persönlichen Verlustes erhielt ich die Nachricht vom Tode Renz Wallers. Er wurde am 3. 11. 1895 – dem St. Hubertustag – Patron der Jagd – in Wiedenbrück, Westdeutschland, geboren. Im Alter von neun Jahren las er zum erstenmal etwas über die mittelalterliche Falknerei, aber erst als über Zehnjähriger erhielt er seinen ersten Falken, ein Hobby, das er sich völlig zu eigen machte. Er fühlte ohne Zweifel, daß die Falknerei der Vergangenheit entrissen werden mußte. Er lernte durch Ausprobieren und viele Irrtümer. Eine große Hilfe war seine scharfe Beobachtungsgabe und eine gesunde Portion Eingebung. Schließlich führte das alles zu einer Kommunikation mit verwandten Geistern und zur Gründung des DFO 1923. Während der folgenden Jahrzehnte war er der unumstrittene Experte und Führer der Falknerei in seinem Vaterland. Er hat viele Arten von Beizvögeln geflogen und manche von ihnen hatten einen legendären Ruf bis heute, besonders sein bekannter und wendiger Habicht „Medusa". Schaut man aber auf sie alle zurück, so scheint mir, der Favorit war „Olaf", ein Wanderfalke, der einen Wildhabicht noch übertraf sowie „Waldmeister", der unter unglaublichen Schwierigkeiten noch erfolgreich jagte.

Um seine Gefühle noch auf andere Weise ausdrücken zu können, besuchte er die Kunstakademie in Düsseldorf und wurde einer ihrer Meisterschüler. Seine künstlerische Arbeit erreicht ihren Höhepunkt während der Internationalen Jagdkunstausstellung 1937 in Berlin: Er wurde mit einer Goldmedaille ausgezeichnet. Waller nannte sich bescheiden einen „Tiermaler", aber er war ein begnadeter Künstler, der nicht nur ein Meister der Tiermalerei (Portrait und Natur) war, sondern eben viele Beizszenen in Gemälden darstellte, als Zeichnung und Radierung, außerdem ein Maler von Landschaften und Stilleben.

Er war ein großer Geist, der während einer turbulenten und schwierigen Zeit lebte und arbeitete. Überall wo man die Falknerei betrieb, traf man auch ihn an und gern gab er von seinem Können und Wissen anderen Kenntnis. Er war Präsident und Großmeister des DFO über Jahrzehnte hinweg. Von einem glühenden Verehrer wurde er einmal der Charles d'Arcussia des 20. Jahrhunderts genannt (D'Arcussia war ein Falkner und Scholar des 17. Jahrhunderts und veröffentlichte ein Buch „Falconaria"). Ich glaube allerdings, Wallers Persönlichkeit braucht keinen Vergleich – er war gesegnet mit zu vielen Talenten. Er besaß eine grenzenlose Energie und war fast besessen von dauerndem Optimismus. Er war ein fruchtbarer Schriftsteller und ein unermüdlicher Briefeschreiber. Gab es schwierige Situationen, erwies er sich als ein guter Diplomat, doch zog er meist den direkten Weg vor. Für Lösung von Problemen hatte er stets eine taktvolle Zusammenschau von Lebensweisheiten und Überlieferungen aus alter Zeit zur Hand.

Diese Eigenschaft zeigt sich besonders in seinem literarischen Meisterwerk „Der wilde Falk ist mein Gesell" (The Wild Falcon is My Companion). Dies Buch ist meine Falknerbibel; eine wundervolle Verbindung von tiefen Gedanken und großer Erfahrung, eines Geschichtenerzählers Traum, eine Fundgrube an Bildern und Gesprächen, und letztendlich ein Handbuch für die Zukunft der modernen Falknerei, von einem wachen Verstand und Geist geschrieben, dessen Gedankenbreite von Kaiser Friedrich II. bis in die Neuzeit reicht. Sein Zitat: „Falkner jagen nicht um der Beute willen, sondern Freude, Stil und Erfolg der schwierigen Flüge ihrer Vögel ist ihr Gewinn", gibt diesem Buch eine gerechte Perspektive. Ein Wunsch bleibt übrig, unerfüllt – die englische Ausgabe von „Der wilde Falk ist mein Gesell".

Jeder Gedanke erreichte mit ihm die letzten Höhen der Leistungen der Falknerei-Kunst, Wissenschaft, Praxis, Neuerungen, Züchtungen, Führungspersönlichkeit und geschichtliche Perspektiven. Waller hörte niemals auf zu forschen und neue Erkenntnisse zu suchen. Er gab der

Falknerei in Deutschland die gesetzliche Grundlage, war der erste, der Wanderfalken in Gefangenschaft zum Brüten brachte, erfand den Rundreck, der nach ihm benannt ist. In den letzten Jahren seines Lebens war seine „Handschrift" nicht mehr so kräftig und spürbar – aber die Botschaft war klar: Blickt vorwärts in die Zukunft der Falknerei. Nun hat uns der „Große Mann" verlassen.

Meine Falknergeneration tröstet sich mit dem Gedanken: Er war immer da und wird immer weiter bei uns sein, und unser aller Wunsch war, als sein Leib zur ewigen Ruhe gebettet wurde, daß sein Vermächtnis uns Lebende bereichern soll. Er war mein Idol, er war Ehrenmitglied der NAFA (North American Falconers Association) und vieler anderer Falknerorganisationen. Die Weltvereinigung der Falkner ist ihm tiefe Verehrung schuldig, daß er den Weg wies, und wir können seinem Andenken am besten dienen, indem wir gute Falkner sind.

Renz Waller zierte die Szene der modernen Falknerei für eine lange Zeit, und er wurde nie alt. Wir werden ihn vermissen, aber sein junger Geist wird uns für immer beseelen. Er starb friedvoll am 8. 10. 1979, nachdem er sich im Kreise seiner Freunde und der Familie in der Nacht vor seinem Tode noch mit ruhiger Freundlichkeit bewegt hatte. Er wurde in aller Stille beerdigt und die schlichte Meldung lautete: Gott nahm Renz Waller zu sich in die Ewigkeit.
Falknersdank! Renz Waller

III. Teil: Der Schriftsteller

 Renz Waller mit Wanderfalke „Olaf“ (Siebziger Jahre)

„Der wilde Falk ist mein Gesell“

Schon als sehr junger Mann hat Renz Waller seine Begabung erkannt, sich in Worten anderen verständlich machen zu können. Sicher – er war kein brillanter Fabulierer, aber er verstand es, in einfachen und volkstümlichen Sätzen seine Erfahrungen und Erlebnisse denen zu vermitteln, die sich der praktischen Falknerei zuwenden wollten oder schon zugewandt hatten.

Im Jahre 1937 erschien das Werk „Der wilde Falk ist mein Gesell“. Wallers oberste Motivation beim Abfassen des Textes war, daß er seinen Lesern jene Fehlentscheidungen und Fehlinvestitionen ersparen wollte, die ihm selbst widerfahren waren. Er hatte seinerzeit eben keine schriftliche „Gebrauchsanweisung“ für die Falknerei vorliegen. Deshalb wohl geht er ausführlich auf die Fehler ein, die er – als Lernender – begangen hatte.

Das Buch war eine Sensation für die Fachwelt. Hier trat ein bis dahin relativ unbekannter Autor an die Öffentlichkeit und warf alle herkömmlichen Begriffe über den Haufen, die so schön die Natur in „Nützlinge“ und „Schädlinge“ eingeteilt hatten. Greifvögel, bislang verfehmt als Räuber und unnütze Fresser (und damit als Konkurrenten des Menschen), sollten nun auf einmal seine Helfer, ja seine Gesellen sein? Unvorstellbar in einer Zeit, in der die Jäger alles daransetzten, den letzten Greifvogel auszurotten.

Da kam nun einer daher, nannte sich Falkner und verfaßte ein Buch, in welchem er über die Greifvögel schrieb als seien dies ganz friedfertige Tiere, die sogar dem Menschen dienstbar sind und ihm bei der Jagd helfen!? Dennoch – keiner wagte es ernsthaft, Wallers Erkenntnisse und Schilderungen zu kritisieren. Man war des Lobes voll.

In der Einschätzung der Greifvögel seitens der Jägerschaft änderte sich allerdings zunächst nicht viel. Die Abschußzahlen gingen keineswegs zurück. Im Höchstfalle wurde hier und dort ein Falkner gerufen, um Wanderfalken- oder Habichthorste auszunehmen, damit die Ästlinge und Nestlinge zur Falknerei verwendet werden konnten.

Doch Waller hatte eines erreicht: die Öffentlichkeit schien die Aussage seines Buches langsam zu begreifen. Eine Aussage, die die Natur nicht mit den Kategorien „nützlich" oder „schädlich" maß. Waller hatte es verstanden, interessierten Menschen darzulegen, wie man mit relativ geringem Aufwand Greifvögel zu Gehilfen des Menschen macht und damit ein weltweites Interesse an dieser Tierart geweckt. Ein reger Briefwechsel erwuchs dem Autor aus diesem Buch, und selbst im Ausland wurde es häufig verlangt. So waren die 2000 Exemplare der ersten Auflage im Nu vergriffen.

Von der Kritik wurde das Buch enthusiastisch begrüßt. In Besprechungen der allgemeinen und der Fachpresse wurde es gefeiert, ebenso wie im Rundfunk. Das positive Echo erstreckte sich auch auf das Ausland. So wurde „Der wilde Falke ist mein Gesell" neben die Jagdklassiker wie Diezel „Niederjagd", Raesfeld „Das Deutsche Waidwerk", „Die Hege", „Das Rotwild" und „Das Rehwild" gestellt – Standardwerke, die inzwischen hohe Auflagen erlebt haben und immer wieder erweitert, modernisiert unter dem alten Namen erscheinen. Allein solche Vergleiche stellten einen hohen Prestigeerfolg des Autors dar, obwohl Waller ja erst auf eine 15jährige Praxis in einer von ihm wiederentdeckten Disziplin verweisen konnte.

Zwei Beurteilungen über Renz Wallers Buch zeigen, welche Wertschätzung dieses einmalige Falknerbuch der Moderne in Fachkreisen genießt:

„Ein umfassendes Werk über die moderne deutsche Falknerei hat bisher in unserer Literatur vollkommen gefehlt. Niemand war berufener dazu, diese Lücke auszufüllen, als Renz Waller, der Ordensmeister des Deutschen Falkenordens, der auch als Kunstmaler weit über die Grenzen unseres Vaterlandes hinaus bekannt ist.

Man darf das Buch „Der wilde Falk ist mein Gesell" als das klassische Buch der deutschen Falknerei bezeichnen, welches sich in die Büchereien unserer Falkner und Jäger neben den bedeutendsten Werken unseres Jagdschrifttums einreihen wird. Im flüssigen Stil des lustigen Rheinlän-

ders, mit der Gestaltungskraft des geborenen Künstlers und mit der ernsten Sachlichkeit des Wissenschaftlers und Tierpsychologen, aber auch mit dem glühenden Herzen des naturverbundenen Jägers ist dieses Buch geschrieben. Es gibt einen lückenlosen Überblick über die gesamte neuere Falknerei. Wer das Buch bis zu Ende aufmerksam durchgelesen hat – und dies fällt bei der spannenden Schreibweise wirklich nicht schwer – kann mit Fug und Recht sagen, daß er etwas gelernt hat. Es ist mir nicht nur vergönnt gewesen, mit Waller gemeinsam vor dem Kriege die Kunstakademie in Düsseldorf zu besuchen, sondern auch später im eigenen Revier seine Falken, Adler und Habichte im freien Spiel ihrer Kraft zu bewundern. Nicht nur die so verständnisvoll abgetragenen Beizvögel in ihrer Kraft und Schönheit, sondern auch das Falkenauge ihres Herren und seine scharfe Beobachtung und körperliche Ausdauer und Geschicklichkeit, seine strahlende Freude an allem Schönen zwangen dem Beschauer Begeisterung für diese edle Kunst ab.

Wenn Waller ein Buch schrieb, so mußte es etwas Ganzes werden, ebenso wie seine Malkunst stets etwas Ganzes war. Viele seiner herrlichen, dramatischen Bilder finden wir in seinem Buche wieder."

Graf Hoensbroech
Schloß Kellenberg, 11. September 1937

„Etwas, was der deutschen Literatur fehlte: Ein vollkommenes, modernes Werk über die Falknerei. Jeder alte und junge Falkner muß dieses Werk gelesen haben, doch auch jeder Ornithologe oder Tierfreund wird es nicht aus der Hand geben.

Der deutsche Jäger soll über alles, was in seinem Revier vorgeht, bewandert sein – durch dieses Werk mit der genauen Beschreibung der Jagdart, der einzelnen Raubvogelarten wird ihm vieles erschlossen, was er auch für die Hege des Nutzwildes verwerten kann.

Der gesunde Kampf in der Natur, den er täglich sieht, wird ihm verständlicher – er lernt die Natur noch höher schätzen. Falken und Habichte, die scheuesten und wildesten aller Raubvögel, werden dazu gebracht, freiwillig mit dem Falkner zu jagen, ihm frei zu folgen und auf den Ruf zu gehorchen. Wie diese Kluft des Mißtrauens zwischen Tier und Mensch durch zähe Selbstbeherrschung überbrückt wird, muß jeden, der sich mit Hunden, Pferden oder anderen Tieren abgibt, fesseln. „Tierfreund" sein ist leicht, doch auch von Tieren in voller Freiheit als solcher angesehen zu werden – das wird uns hier gezeigt."

Friedr. Graf Mensdorff-Pouilly
Biberach-Riß, 6. September 1937.

Schuf Kaiser Friedrich II. von Hohenstaufen mit seinem Buch „De arte venandi cum avibus“ im 13. Jahrhundert ein wissenschaftlich fundiertes Werk über die Greifvögel, damals noch Raptores – Raubvögel genannt, so war Engelmanns Buch „Die Raubvögel Europas, Geschichte, Kulturgeschichte, Falknerei“ von 1928 die Zusammenfassung von Wissenschaft und Praxis für die moderne Zeit. Waller schuf mit seinem Buch „Der wilde Falk ist mein Gesell“ 1937 ein Kompendium für den Gebrauch in der Praxis. Man kann davon ausgehen, daß vier große Falkner ihr Wissen literarisch niederlegten und der Nachwelt hinterließen: Friedrich II, Charles d'Arcussia mit dem Werk „Falconaria“ (1617), Dr. Engelmann und Renz Waller.

Stets baute der nachfolgende Autor auf dem Wissen der Vorgänger auf, fügte eigene neue Erkenntnisse hinzu, allen aber ist eines gemeinsam: Sie schrieben nieder, was sie selbst beobachtet und erforscht, erprobt und nachvollzogen hatten – so war jedes dieser Standardwerke sowohl eine Zusammenfassung des Wissens über die Falknerei und dennoch originär entstanden als autochthones Werk.

Es würde den Rahmen dieser Arbeit sprengen, hier auf jede Einzelheit des Wallerschen Buches einzugehen. Es sei jedoch darauf hingewiesen, daß dieses Buch selbstverständlich auch Irrtümer und Fehleinschätzungen enthielt. So hielt es Waller nicht für möglich, einem Falken das Apportieren beizubringen, obwohl es entsprechende Berichte z. B. bei Dr. Engelmann hierüber gab. Daß Waller vor der Beizjagd mit Adlern warnte, die er als zu gefährlich ansah, rührte wohl von einem Vorurteil her. (Der Autor dieser Biographie kann vielmehr aus eigener Erfahrung das Gegenteil beweisen. Steinadler, Seeadler und Fischadler eignen sich, wenn man sich besonders auf diese Tiere einstellt, durchaus zur Beizjagd.)

„Der wilde Falk ist mein Gesell“ erlebte bisher vier Auflagen. Insgesamt wurden ca. 15 000 Exemplare verkauft – es ist also auf seinem Spezialgebiet durchaus ein „Bestseller“. 1962 und 1973 erschienen die zweite und dritte Ausgabe, die jeweils noch von Renz Waller selbst überarbeitet worden waren. Er ergänzte sein Erstmanuskript ständig und erweiterte es, um es dem Fortschritt in der Falknerei anzupassen. Die zweite Auflage wurde vom Verfasser mit rund 90 künstlerisch hochwertigen Federzeichnungen vollkommen neu illustriert.

Nach Wallers Tod mußte für die vierte Auflage ein neuer Bearbeiter gefunden werden. Der Verlag hat sich schließlich für den Hellenthaler Falkner Horst Niesters entschieden, nachdem mehrere andere kompetente Falkner nicht reagierten, wie die Professoren Linder (Bamberg) und Saar (Berlin).

Man kann darüber verschiedener Meinung sein, ob die Bearbeitung gut gelungen ist, ob sie den „Waller“ belassen oder aus dem Buch einen „Niesters“ gemacht hat (wie Kritiker meinen). Daß der Bearbeiter eigenes Erfahrungsgut mit eingebracht hat, sowie die modernen Hilfsmittel mehr herausstellte, kam dem Buch jedenfalls zugute. Das Interesse an dem Werk ist ungebrochen und die von den vier Auflagen des „wilden Falken“ hohe Verkaufsquote spricht für sich.

Leider scheiterten aber alle Bemühungen, das Werk auch in fremden Sprachen erscheinen zu lassen. Zwar gab es hin und wieder Interessenten, vor allem aus dem englischsprachigen Raum, doch es kam nie zu einem konkreten Ergebnis. Eine italienische Ausgabe scheiterte vor allem daran, daß die Italiener eine englische Ausgabe forderten, aus der es sich in die italienische Sprache besser übersetzen ließe als aus dem Deutschen.

Einer besonderen Erwähnung bedarf im Zusammenhang mit dem Wallerschen Werk der Chefredakteur des Verlages Neumann-Neudamm, Otto Freiherr von Dungern. Zwischen Waller und diesem Mann entwickelte sich eine echte Dauerfreundschaft. So war es vorwiegend Dungern zu verdanken, daß Renz Waller sich überhaupt entschloß, das Falknerbuch zu schreiben. Immer wieder wies Dungern darauf hin, daß es doch so wenig Falknerliteratur in deutscher Sprache gebe, Engelmanns Buch vergriffen sei, und Waller geradezu verpflichtet wäre, seine Erfahrungen und Kenntnisse.

An ein Buch hatte Waller bis dahin wohl kaum gedacht. Er hatte zwar vieles bereits in Fachzeitschriften veröffentlicht, doch war er nun mal in erster Linie ein Mann der Praxis – was sich letztlich als Grundlage für seinen späteren Erfolg als Schriftsteller herausstellte.

Unzählige Artikel – die Korrespondenz

Wallers Berichte in Tageszeitungen und Zeitschriften sind unzählbar. Heute vermissen wir eine so ausführliche Berichterstattung, wie sie zur Zeit der Wiederentdeckung der Falknerei (1923–1939) üblich war, unvoreingenommen, sachlich und teilweise mit großem Enthusiasmus der Berichterstatter ausgestattet. Es wurde nicht nur von Waller selbst berichtet, sondern ebenso oft über ihn oder über andere Falkner.

Wir begegnen dem Autor Renz Waller z. B. in der Ausgabe vom 22. September 1928 im „Pfälzischen Merkur“, auf Seite 8, mit dem Bericht: „Die Jagd mit dem Falken! Von Tiermaler Renz Waller, Düsseldorf“. Dieser Artikel war von Waller mit eigenen Zeichnungen und Skizzen ergänzt und illustriert worden. In der Ausgabe vom 14. Juli 1938 des „Westdeutschen Beobachters“ finden wir den großen Bericht über den ersten Falkenhof auf Gauebene „Mit dem Falken auf der Faust“, der von Renz Waller initiiert wurde.

Natürlich kommt man, wenn man sich mit Renz Wallers geschriebenem Nachlaß beschäftigt, nicht um das Organ des Deutschen Falken-Ordens, „Der Ordensfalke“, herum. Waller schrieb bereits in der ersten Nummer dieser Zeitschrift einen Artikel unter dem Titel „Mein Falkenterzel Odin“, der die literarische Begabung Wallers deutlich werden läßt. Später benannte man die Zeitschrift um in „Deutscher Falken-Orden – Jahrbuch“, und diesen Titel tragen noch heute die jährlich erscheinenden offiziellen Sammelwerke, in denen Renz Waller bis in die späten sechziger Jahre hinein immer wieder über seine Erfahrungen berichtete – genauso wie in den Zeitschriften „Wild und Hund“, „Die Pirsch“ oder „Das Tier“...

Immer wieder bemühte sich Waller, die Tagespresse als Kommunikationsmittel zwischen Falknern und Bevölkerung zu nutzen. Wenn er überzeugt war, etwas zur Sache „Falknerei" sagen zu müssen, griff er zur Feder und schrieb Artikel oder Leserbriefe. Die Leser verstanden ihn; nicht nur kamen zu den Schaubeizen des Ordens die Zuschauer in Scharen, sondern ebenso stieg die Zahl der aktiven Falkner.

Renz Waller war ein großer Briefeschreiber. Unzählige Briefe fanden sich in seinem Nachlaß, passive (also solche, die an ihn gerichtet waren) und aktive (solche, die er an andere schickte). Seine Korrespondenz zog sich über die ganze Welt hin bis nach Japan, UdSSR, Mexiko, USA, Polen, von den westeuropäischen Ländern ganz zu schweigen. Viele Falkner, mit denen er ständig korrespondierte, kannten ihn nicht persönlich. So ist er beispielsweise nie in den USA oder der UdSSR gewesen. Doch tat dies der Freundschaft mit den weltweit verstreuten Falknern keinen Abbruch.

Ein ausführliches Eingehen auf die Wallersche Korrespondenz würde den Rahmen dieses Buches sprengen. Doch sei der Hinweis erlaubt, daß eine detaillierte Durcharbeitung dieser Briefe für eine noch zu schreibende Geschichte der Falknerei im 20. Jahrhundert sicher wichtige neue Erkenntnisse bringen würde.

Ein Leben im Dienst einer Sache

Einen so berufenen Falkner, wie es Renz Waller war, gibt es nicht allzuoft. Man muß lange nach Beispielen suchen, daß sich ein Mensch so eng mit der Falknerei indentifizierte und Beruf und Liebhaberei miteinander verband.

Heute, in einer Zeit, da nicht nur die Falknerei bedroht ist, sondern die Jagd überhaupt – wer sollte da als würdiger Nachfolger Wallers auftreten und die Sache in die Hand nehmen? Er müßte ja die Spaltung in „Grundsatzgruppen" überwinden – denn solange sich die Falkner untereinander nicht einig sind, wie sollen sie da gegen ihre Gegner antreten können? Waller mahnte immer wieder zur Einigkeit.

Die Falknerei hat nur dann eine Überlebenschance, wenn man die Einheit wiederherstellt und sich der vielen positiven Traditionen erinnert, die mit dem Namen „Renz Waller" verbunden sind. An dieser Stelle soll die Anregung zu einem „Renz-Waller-Museum für Falknerei und Greifvogelkunde" ausgesprochen werden. Eine solche Einrichtung könnte vielleicht einem wissenschaftlichen Institut angegliedert werden. Das wäre ein Zeichen der Hoffnung.

Bleiben das nur Zukunftsträume?

IV. Teil: Der Erfinder

Renz Waller, wie wir ihn erlebt haben, hat sich immer wieder und wieder für Verbesserungen in der Haltung und Unterbringung der Beizvögel bemüht, und neue Ideen in die Tat umgesetzt und erprobt, bevor er damit an die Öffentlichkeit trat.
Ihm war aufgefallen, daß die Aufstellung der Falken auf der hohen Reck nicht optimal war, sondern die Vögel sich oft Start und Federn zerstießen und das Hinaufhangeln zur Sitzstange nicht frei von Gefahren für die gefiederten Gesellen verlief.
Renz Waller dachte nach und entwickelte eine „Rundreck", die diese Mängel beheben sollte und noch einige andere Vorteile für die Unterbringung der Beizvögel bot.
Am besten lassen wir ihn selbst zu Wort kommen mit seiner Antragsbegründung um einen Gebrauchsmusterschutz beim Deutschen Patentamt in München, der ihm dann unter der Nummer 6.600.607 am 16. 1. 1969 erteilt wurde. Ein bekannter Falkner schrieb an Waller, nachdem er die Berichte über die Waller-Reck gelesen hatte:
„Ich glaube nicht zu übertreiben, wenn ich Ihnen, sehr geehrter Herr Waller sage, daß das Rundreck seit 1000 Jahren die größte Neuerung ist in der Falknerei."
(Brief Peter Tauscher, Oberstdorf, an Waller vom 11. Juli 1968)

Die neue „Rundreck" für Jagdfalken (später genannt: Waller-Reck)

Beschreibung fürs Patentamt:

Gegenstand der Erfindung ist ein Gerät zum Abstellen von Jagdfalken. Solche Geräte sind bekannt zum Abstellen der Beizvögel, es wird seit einigen hundert Jahren die Hohe Reck

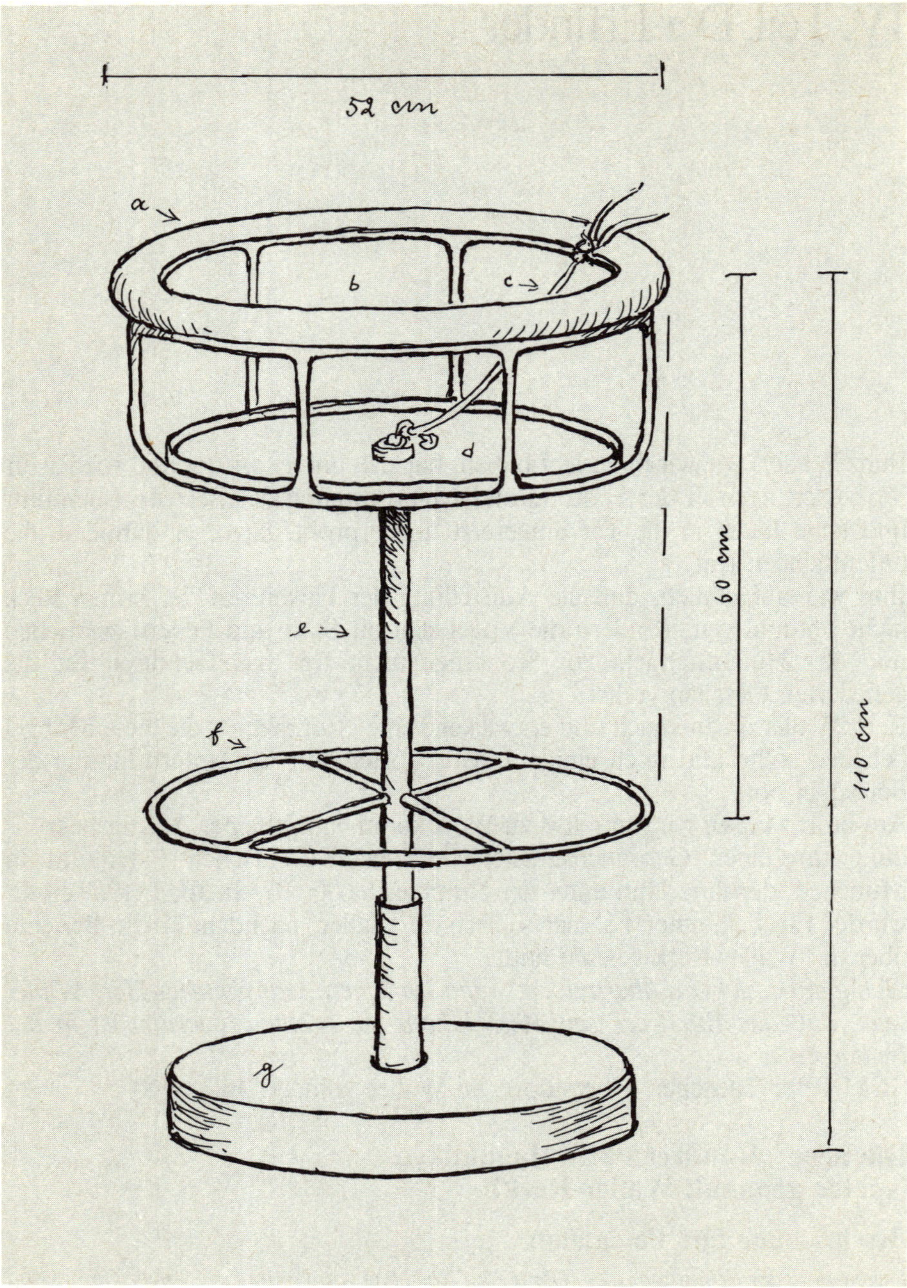

Die von Waller entwickelte Rundreck (Konstruktionszeichnung für Patentanmeldung)

angewandt. Auf dieser alten Hohen Reck wird der Beizvogel ganz kurz angelegt und dadurch auf einen ganz bestimmten Platz der Reckstange gebannt. Da Habichte und Sperber unruhiger sind und eine kurze Fesselung nicht gut ertragen, erhalten sie durch die sogenannte Kurzfessel einen ungefähr 10–15 cm langen Riemen mit einem Schlitz an beiden Enden, welche durch eine Drahle mit dem Geschüh verbunden ist, etwas mehr Bewegungsfreiheit.

Bei zu langer Kurzfessel fällt es diesen Beizvögeln schwer, sich nach dem Abspringen wieder auf die Reckstange zurück zu schwingen. Wenn ein Beizvogel längere Zeit mit dem Kopf nach unten hilflos an der Reckstange hängt, stirbt er. Durch die kurze Fesselung besteht auch die Gefahr, daß sich das Geschüh verwickelt und verdreht, die Beizvögel dadurch bewegungslos werden und unter Umständen auf der Reck verunglücken. Dies kann auch dadurch eintreten, daß die Langfessel in das Geschüh gerät, wodurch manchmal so schwere Verschlingungen auftreten, daß man diese kaum wieder lösen kann.

Manche Beizvögel springen immer in Richtung der Reckstange ab, sie reiten sozusagen auf dieser und beschädigen sich den Start so stark, daß diese für die Beize unbrauchbar werden. Auch später entwickelte Geräte zum Abstellen der Beizvögel beseitigten oben angeführte Mängel nicht.

Bei meiner neuen Rundreck treten diese Mängel nicht auf. Dieselbe besteht aus dem Korb mit: a) dem Rundring auf welchem der Beizvogel zu stehen kommt, b) dem Reckmantel, welcher das ganze Gerät umschließt, c) der Heckfessel, welche in der Mitte des Recktellers d) an einer drehbaren Öse befestigt ist. Die Reckfessel ist so konstruiert, daß eine Gliederkette von einem Gummischlauch umgeben ist, welcher die Kette sauber und immer elastisch hält. Der Reckteller d) wird mit Steinchen und Sand belegt, in welchen der Beizvogel gerne einfliegt um Steinchen und herabgefallene Atzbrocken aufzunehmen. Dieser Korb wird mit einem Zapfen in ein stabiles Standrohr e) eingesetzt. Auf diesem Standrohr e) wird der Reckmantelspannring f) aufgeschoben und kann mit einer Schraube gesperrt werden. Das Standrohr wird in den gewichtigen Fuß g) in eine Rohrhülse eingesetzt um dann mit einer Schraube festgeschraubt zu werden. Der Reckmantel b) besteht aus einem wetterfesten Gewebe, ist oben unterhalb des Reckringes a) mit diesem fest verschraubt. Unten ist derselbe an dem Spannring f) befestigt und wird mit diesem so stark gespannt, daß der Beizvogel, der dagegenfliegt, leicht zurückgeworfen wird und diesem Beizvogel das Auffliegen auf den Rundring a) sehr erleichtert. Der Spannring wird an dem Ständer e) fest verschraubt.

Der Beizvogel, welcher auf der so fertiggestellter neuer Reck zu stehen kommt, kann sich auf dem Reckring frei bewegen, da das Geschüh des Beizvogels frei in den Reckkorb hineinhängt, fühlt sich dieser nicht festgebunden, nur dann wenn er nach außen abspringen will. In diesem Falle wirkt die Fessel wie auch bei der alten Reck. Das üble Stangenreiten ist auf der neuen Rundreck jedoch unmöglich. Auch kommen die Beizvögel nicht mehr zum Hängen wie bei der alten Reck, der runde Reckmantel wirft den anschlagenden Vogel leicht zurück, dabei fassen die Schwingen mehr Luft und der Vogel hat es leichter wieder auf den Reckring zurückzukommen. Das Geschüh des Beizvogels, welches etwas kürzer als bei der alten Reck sein muß, kann sich nicht mehr verdrehen, weil die mit mehreren Drahlen versehene Reckfessel den dazu nötigen Widerstand versagt.

Weiterhin ist auf auch die Eigenart der verschiedenen Beizvögel bei der Konstruktion des Reckringes Rücksicht genommen worden. Wie Abb. 2 zeigt, erhält der Reckring a) an einer Seite eine abgerundete Fläche. Von dort aus geht der wulstige Ring aus der Fläche hervor um, im Verlauf sich zu verjüngen, auf der anderen Seite dieser Fläche sich wieder mit dieser zu vereinigen. So hat jeder Vogel die Möglichkeit, sich die für ihn angenehmste Sitzfläche auszusuchen.

Die verschiedenen Eigenschaften und Möglichkeiten der neuen Rundreck haben ferner ergeben, daß diese nicht allein für Greifvögel, sondern auch für gewisse andere Vogelarten zu gebrauchen ist. Die neue Rundreck hat einen Reckmantel, welcher wahlweise aus Stoffgewebe, Kunststoff oder gummierten Stoff hergestellt ist, kann das Gerät für die Aufstellung in einem Zimmer besonders wirksam und dekorativ machen, wenn der Reckmantel mit schönen Jagdmotiven bedruckt wird und am unteren Ende verzierenden Quasten erhält. In einem Jagdzimmer aufgestellt bietet er sich an, als „Stummer Diener“ benutzt zu werden.

Häufig wird das Falkner-Gerät mit in den Jagdbezirk genommen; dazu ist die neue Rundreck ideal geeignet. Man schiebt den Reckmantelspannring mit dem Reckmantel bis oberhalb des Korbzapfens, sperrt die Schraube, hebt den Korb von dem Ständer, dann den Ständer aus dem Fuß und alle drei Teile finden in jedem Kofferraum eines Autos Platz.

Patentansprüche:

Anspruch 1

Rundreck zum Abstellen von Jagdfalken dadurch gekennzeichnet, daß in einer korbähnlichen Konstruktion auf dessen oberem Rand ein wulstiger Ring aus Holz oder anderen dazu geeignetem Material, aufgeschraubt ist und als Boden einen Teller bekommt, in dessen Mitte die mit verschiedenen Drahlen versehene Reckfessel an einer drehbaren Öse befestigt ist.

Anspruch 2

Rundreck zum Abstellen von Jagdfalken nach Anspruch 1 dadurch gekennzeichnet, daß der Korb auf einem Standrohr aufgesetzt wird und dies zusammen in einem gewichtigem Fuß eingesetzt wird und festgeschraubt wird. Der Fuß kann aus massivem Material oder aus einem Kunststoffhohlkörper bestehen, wobei der Kunststoffhohlkörper zur Gewichtserhöhung mit Wasser oder Sand gefüllt werden kann.

Anspruch 3

Rundreck zum Abstellen von Jagdfalken nach Anspruch 1 dadurch gekennzeichnet, daß ein Mantel aus wetterfestem Gewebe oder anderem dazu geeignetem Material, wie Zeichnung zeigt, das Gerät umhüllt. Dieser Stoffmantel, Reckmantel genannt, ist oben unterhalb des Wulstringes fest verschraubt und unten an dem Reckmantelspannring befestigt und wird mit diesem gespannt, und der Reckmantelspannring wird am Ständer festgeschraubt.

Anspruch 4

Rundreck zum Abstellen von Jagdfalken nach Anspruch 1 dadurch gekennzeichnet, daß der Reckring a) an einer Seite eine Fläche erhält, aus welcher der Wulstring stark heraustritt und am anderen Ende verjüngt wieder in die Fläche mündet. (s. Abb. 2)

Nachwort

Als Renz Waller am 8. Oktober 1979 starb, hinterließ er eine große Sammlung nicht nur eigener Werke, sondern auch anderer, die Falknerei und die Malerei betreffender Gegenstände. Da er keine Nachkommen hatte, mußte er sich schon zu Lebzeiten Gedanken über den Verbleib dieser „Schätze“ machen. Seine Überlegungen waren typisch für ihn: Er wollte, so äußerte er mehrmals, daß der Verkaufserlös seines Nachlasses für karitative Zwecke und für den Tierschutz gespendet würde.

Im Bewußtsein dieses Vermächtnisses handelten Renz Wallers Schwestern Maria und Elisabeth nach seinem Ableben: Sie betrauten einen langjährigen Freund Renz Wallers mit dem Verkauf der hinterlassenen Bilder. Der Erlös der Verkäufe kommt zu je einem Drittel dem Tierschutzverein Bonn (zur Verhinderung unnötiger Tierversuche), der Einrichtung „Brot für die Welt“ und „Misereor“ zugute. Inzwischen sind etwa 15% der in dem entsprechenden Erbvermächtnisvertrag aufgelisteten Werke veräußert. Aber die beiden Schwestern des Künstlers taten noch mehr. Sie sorgten dafür, daß durch großzügige Schenkungen das Deutsche Jagd- und Fischereimuseum in München und die Stadt Mettmann in die Lage versetzt wurden, das Vermächtnis Renz Wallers durch Dauerausstellungen der Nachwelt zu erhalten.

Im Juni 1982 wurde ein Vertrag zwischen Maria Waller und dem Jagdmuseum geschlossen, der eine ständige Ausstellung von Exponaten aus dem Nachlaß von Renz Waller regelt. Unter den 56 aufgelisteten Leihgaben finden sich wertvolle Falknereigeräte und Kunstgegenstände, die Renz Waller im Laufe seines Lebens auf der ganzen Welt sammelte.

Neben einem alten arabischen Prunkfalkengeschirr ist dort z. B. eine mittelalterliche Falknertasche, 7 Eier des berühmten Falken „Olaf" oder ein altgotisches Gemälde „Habicht und Hase" (um nur willkürlich einige wenige Ausstellungsstücke zu nennen) zu sehen. Insgesamt wird der Wert der Exponate auf ca. 120 000 Mark veranschlagt. Die Gegenstände gingen nach dem Tod von Maria Waller in das Eigentum des Deutschen Jagdmuseums über. (Unter der Auflage, daß die Ausstellung ständig gezeigt wird. Wird diese Bedingung nicht erfüllt, so kann die Familie Waller die Ausstellungsstücke zurückfordern.)

Wurde mit der ständigen Ausstellung im Deutschen Jagdmuseum in München eine überregionale, dauerhafte Erinnerungsstätte an Renz Waller geschaffen, so gibt es eine ähnliche, ja noch umfangreichere Ausstellung in Renz Wallers Wahlheimatstadt Mettmann. Hier trafen sich die Interessen der Stadt, ihren auf der ganzen Welt im Kreise von Falknern und Kunstliebhabern berühmten Einwohner zu ehren, und die Absicht der Waller-Schwestern, ihrem Bruder ein bleibendes Andenken zu setzen. 1982 wurde ein Vertrag geschlossen, der die Stadt Mettmann dazu verpflichtet, in einem der ältesten Gebäude Mettmanns, dem stilgerecht renovierten „Stadthaus", zwei Räume für eine Ausstellung des Lebenswerkes von Renz Waller zur Verfügung zu stellen. Die Exponate aus dem Nachlaß von Renz Waller wurden dafür von der Familie in Form einer „Renz-Waller-Stiftung" zur Verfügung gestellt.

Einer der beiden Räume wurde aus der künstlerischen Hinterlassenschaft eingerichtet. Neben zahlreichen wertvollen Gemälden des Künstlers werden hier Ehrungen in Form von Medaillen und Urkunden, Originalplatten seiner Radierungen, seine Staffelei, Paletten, Gläser mit Federn usw. gezeigt – ein Hauch der für seine Freunde legendären Atmosphäre des Renz-Waller-Ateliers wurde in die Zukunft gerettet.

Im zweiten Raum wurde dem Falkner Renz Waller ein Denkmal gesetzt. Hier finden sich neben historischen Falknerausrüstungen und dem falknerischen Nachlaß des Wiederbegründers der Falknerei in Deutschland alle Ausgaben seines berühmten Buches „Der wilde Falk ist mein Gesell" mit Originalmanuskripten. Die ständige Renz-Waller-Ausstellung in Mettmann wurde im Mai 1983 eröffnet und fand beim Publikum wie in der Presse viel Resonanz. Zur gleichen Zeit ehrte die Stadt Mettmann den Künstler und Falkner durch die Umbenennung eines Weges nahe des Wallerschen Domizils. Aus dem Weg „Em Banden" (der auf jene Wiese zuführte, auf der Waller – oft unter großer Anteilnahme der Bevölkerung – jahrelang seine Falken abgetragen hatte) wurde der „Renz-Waller-

Weg". Es sollte an dieser Stelle nicht zu erwähnen vergessen werden, daß die Einrichtung der ständigen Ausstellung die Straßenumbenennung zu einem Großteil auf das Konto derjenigen langjährigen Freunde Renz Wallers geht, die sich zu einem „Förderkreis der Stiftung Renz Waller" zusammengefunden haben. Diese Vereinigung ist inzwischen ins Vereinsregister eingetragen und steht zum Zeitpunkt des Entstehens dieses Buches kurz vor der Anerkennung ihrer Gemeinnützigkeit. Ziel des Vereins ist es „dafür Sorge (zu) tragen, das Lebenswerk und Vermächtnis von Renz Waller uneigennützig in würdigem Rahmen, seiner Bedeutung entsprechend der Nachwelt zu erhalten" (so die Satzung).

Nicht zuletzt soll eine Medaille an Renz Wallers ersten Zuchterfolg von Falken erinnern. Sie wurde von Elisabeth Waller gestiftet und wird jährlich einmal „für Greifvogelzucht, falknerisches Verhalten und aktiven Artenschutz" verliehen.

So bleibt durch das Engagement der Schwestern Renz Wallers (die inzwischen verstorben sind, den Nachlaß aber noch regeln konnten), durch die Aufgeschlossenheit von Institutionen wie dem Deutschen Jagdmuseum und der Stadt Mettmann sowie durch die uneigennützige aufopferungsvolle Arbeit einiger guter Freunde das Andenken an Renz Waller gewahrt. Wenn dieses Buch ein kleines Stück zu diesem Anliegen beitragen konnte, so hat es seine Aufgabe erfüllt. K.W.

Skizzenblätter

Studienblatt, 22 × 16 cm

Im Feld gezeichnet, 9.4.17, 21 × 14 cm

RWaller
Paulus v. d. Mosel
im Schützengraben bei Tuckum d. 9.4.17.

Studienblatt, 22 × 16 cm

133 Männerporträt, 1.9.45, 25,5 × 22 cm

Gras im Gefängnishof Berleburg, 26. 7. 45, 22 × 22,5 cm

135 Alte Weide, 23,5 × 20 cm

R.Waller

137 Luchsstudien, 36 × 25 cm

Februar 1936, 45 × 35 cm

Vogelhund Heiko, 20 × 16 cm

139 „Wippchen v. Kals“, Wildkaninchen, 18 × 24 cm

„Max mein Dachs“, 1929, 24 × 18 cm

141 Wildschweinstudie, 26,5 × 21 cm

Studienblatt Fasanen, November 1927, 25,5 × 33 cm

143 Rebhuhnkette, 21 × 25 cm

Wiedehopfe, 20. 9. 21, 27 × 36 cm

Studienblatt Eisvogel, 28. 2. 21, 40 × 28 cm

28.2.21.

Stechende Schnepfe, 17 × 24,5 cm

147 Studienblatt Elstern, 16 × 23,5 cm

Störche, 24 × 18 cm

149 Hühnerstudien, 25,5 × 18 cm

Wanderfalke „Stier" verkappt, 12. 2. 36, 27 × 21 cm

151 Hagard „Merkur“, 4. 5. 29, 18 × 24,5 cm

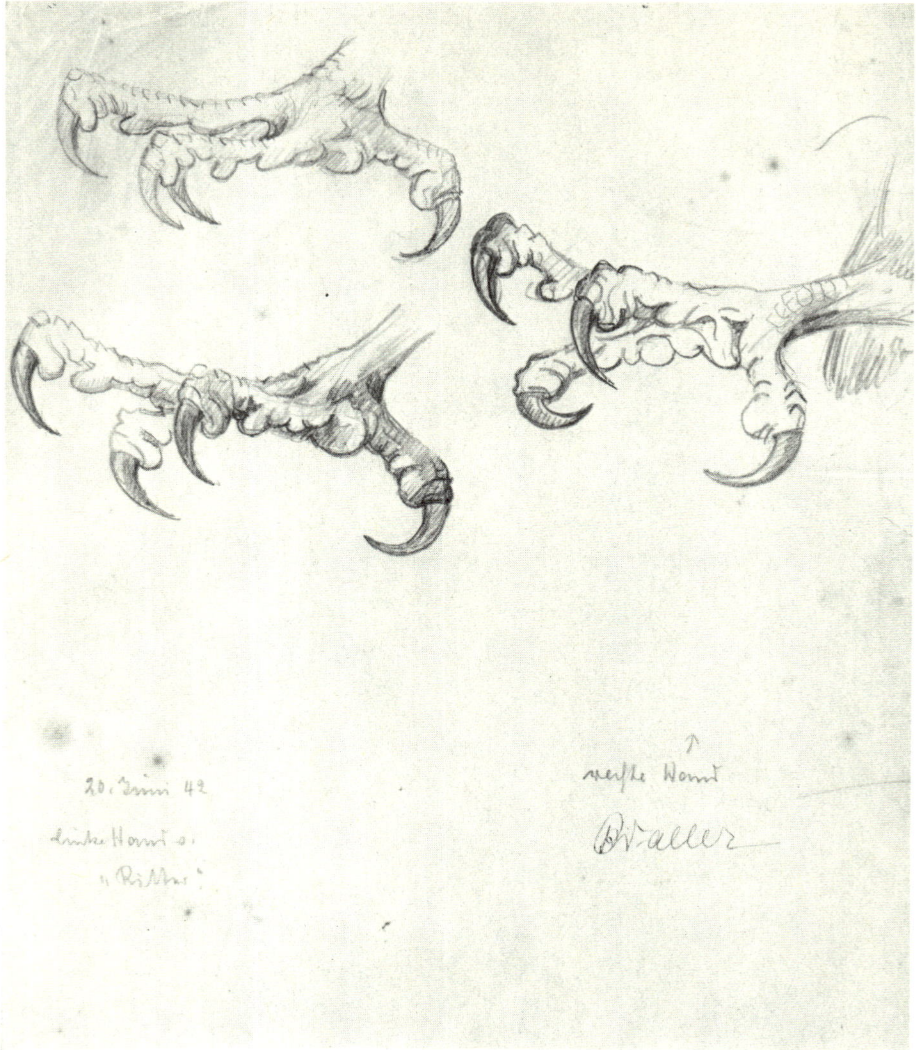

Hände von Wanderfalke „Ritter“, 20. Juni 42, 28 × 21 cm

153 Wanderfalke „Gaugraf“, 20. 6. 29, 25 × 21 cm

Wildfang Habicht „Aigir“, 6. August 27, 18 × 24 cm

155 Wanderfalke „Freya“ verkappt auf der Faust, 24,5 × 18 cm

Wanderfalken-Studienblatt, 21 × 25 cm

157 Kopf eines Junghabichtes, 20 × 16 cm

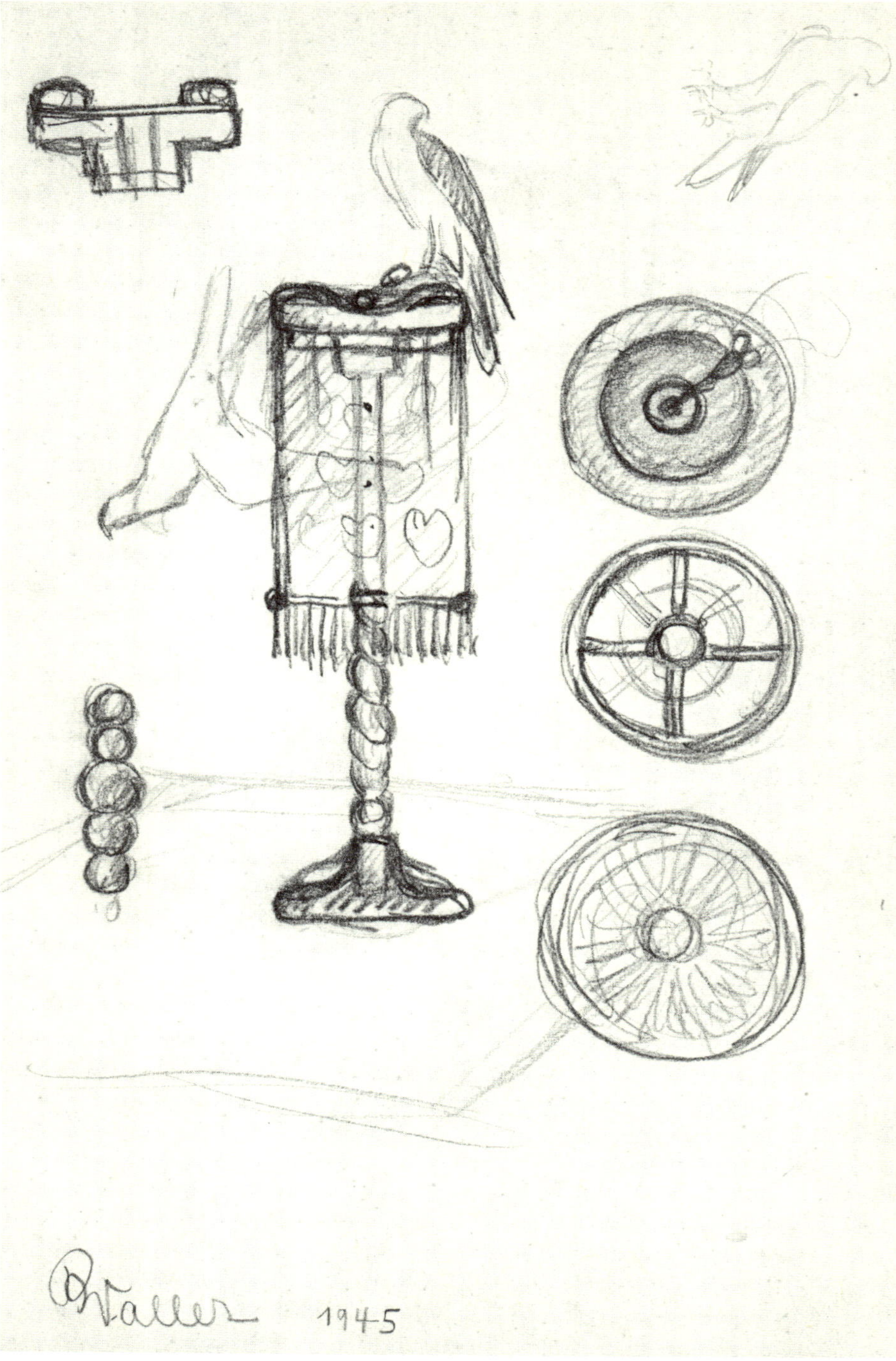
Walter 1945

 Studie Rundreck, 1945, 30 × 20 cm

„Medusa“ auf Habichtsbogen, 1948, 22 × 30 cm

Gemälde und Studien

Im Nachlaß von Renz Waller wurden weder ein Verzeichnis noch Unterlagen über Käufer und Standort seiner Gemälde gefunden. Wir konnten daher nur auf solche Arbeiten zurückgreifen, deren Besitzer bekannt waren oder ermittelt werden konnten.
Um einen Querschnitt über das breite Spektrum des künstlerischen Schaffens von Renz Waller aufzeigen zu können, wurden teilweise Drucke und Fotografien als Vorlage für die Reproduktionen der Gemälde verwendet. Ihre Beschaffenheit und Qualität läßt verständlicherweise zu wünschen übrig. Wir bitten daher um Nachsicht, wenn Farb- und Tonwerte in einigen Fällen nur annähernd das aufzeigen, was der Künstler geschaffen hat. K.W.

Anton Waller

Selbstbildnis Anton Waller
Öl auf Leinwand, 61×49 cm
Unbezeichnet
Renz-Waller-Stiftung zu Mettmann

Heilige Dreifaltigkeit und Heilige Familie (Altarbild)
Öl auf Leinwand, 220×130 cm
Bezeichnet: „A. Waller 1900“
Pfarrkirche St. Vit, Wiedenbrück

Anton Waller

Jesus nimmt das Kreuz auf seine Schultern, (2. Station des Kreuzweges) 1900–1901
Öl auf Kupfer, 136×98 cm
Unbezeichnet (3. Station „W. 1900“, 7. Station „A. Waller 1901“)
Pfarrkirche St. Aegidius, Wiedenbrück

Jesus tröstet die weinenden Frauen (8. Station des Kreuzweges) – 1910–1911
Öl auf Leinwand, 73×54 cm
Bezeichnet links unten: „W“ (das erste und letzte Bild des Zyklus ist mit „Waller“ signiert)
St.-Clemens-Kirche, Rheda

Anton Waller

Bildnis der Mutter von Anton Waller
Öl auf Leinwand, 47×38 cm
Unbezeichnet
Dr. Herbert Hanisch, Kaufbeuren

Bernhard Otterpohl

Sommerblumenstrauß mit Obstschüssel
Öl auf Leinwand, 54×43 cm
Bezeichnet links unten: „B. Otterpohl“
167 Privatbesitz

Bernhard Otterpohl

Abendstimmung
Öl auf Leinwand, 27×37 cm
Bezeichnet links unten: „B.Otterpohl“
Privatbesitz

Stilleben
Öl auf Leinwand, 72×90 cm
Bezeichnet links oben: „B.Otterpohl“
169 Privatbesitz

Jürgen Waller

Chile 76
Öl auf Leinwand, 150×120 cm
Bezeichnet rechts unten: „J.Waller 76"
Frau Ingrid Schacht, Berlin

Stilleben mit rotem Telefon (1980)
Öl auf Leinwand, 100×80 cm
Bezeichnet rechts unten: „J.Waller“
171 Eigenbesitz

Junge Dohle und Eichhörnchen
Bleistift und Kohle, 39×57 cm
Bezeichnet rechts unten: „Vorlage zur Aufnahme a. d. Kunstakademie 1913–1914 Renz Waller"
Familie Wörlen, Mettmann (Leihgabe an die Renz-Waller-Stiftung)

Kleine Landschaft
Öl auf Leinwand, 21×29 cm
Bezeichnet links und rechts unten: „RW. 13. 7. 14“
Privatbesitz

Rehbock auf Waldwiese
Öl auf Leinwand, Maße unbekannt
Bezeichnet links unten: „RWaller“
Standort unbekannt, Reproduktion nach einer Fotografie

175 **Ricke (Bewegungsstudie)**
Öl auf Leinwand, 47×43 cm
Bezeichnet links unten: „8. 3. 28 RW."
Renz-Waller-Stiftung zu Mettmann

Rebhuhnstudie
Öl auf Leinwand, 35×40 cm
Bezeichnet links unten: „RWaller 1928"
Ulrich Kirchner, Mettmann

Feldhase
Öl auf Pappe, 33×30 cm
Bezeichnet links unten: „Renz Waller Ddf. 1925“
177 Dieter Ernst, Bottrop

Ringeltauben (Studie)
Bleistift aquarelliert auf Papier, 37×35 cm
Bezeichnet links unten: „RWaller“
Privatbesitz

Adler und Hühner (Studienblatt)
Bleistift aquarelliert auf Papier, 31×22 cm
Bezeichnet links unten: „RWaller"
Privatbesitz

Junge Nebelkrähen (Studie)
Öl auf Leinwand, 26×41 cm
Bezeichnet links unten: „14. 6. 29. RWaller"
Renz-Waller-Stiftung zu Mettmann

Dompfaff-Studie
Öl auf Leinwand, 32×33 cm
Bezeichnet links unten: „7. 5. 28. R. Waller“
Privatbesitz

An der Müritz
Öl auf Leinwand, 60×72 cm
Bezeichnet links unten: „Renz Waller 36“
Prov.: Nachlaßverwaltung, Mettmann

Blühender Baum
Öl auf Papier, 50×37 cm
Bezeichnet rechts unten: „RW. 1924“
Privatbesitz

Dalienstrauß
Öl auf Leinwand, 46×47 cm
Bezeichnet rechts unten: „RW."
Privatbesitz

Sonnenblumen
Öl auf Leinwand, Maße unbekannt
Bezeichnet links unten: „Renz Waller“
Standort unbekannt, Reproduktion nach einer Fotografie

Wanderfalke, auf Stockente stoßend
Öl auf Leinwand, Maße unbekannt
Bezeichnung und Standort unbekannt
Reproduktion nach einer Fotografie

Aufsteigende Fasanenhähne
Öl auf Leinwand, Maße unbekannt
Bezeichnet rechts unten: „RWaller Ddf."
187 Standort unbekannt, Reproduktion nach einem Farbdruck

Küste
Öl auf Papier, 40×45 cm
Bezeichnet links unten: „RW. feuchtes Wetter, Licht und Wind von vorne“
Privatbesitz

Stockenten (Studie)
Öl auf Leinwand, 40×60 cm
Bezeichnet links unten: „RW. 24. 6. 36“
189 Privatbesitz

Kuh auf der Weide
Öl auf Leinwand, 34×42 cm
Bezeichnet rechts unten: „Renz Waller 13. 7. 1928"
Privatbesitz

Wiesenstück
Öl auf Leinwand, 25×29 cm
Bezeichnet rechts unten: „RWaller“
191 Privatbesitz

Luchs
Öl auf Leinwand, 90×80 cm
Bezeichnet rechts unten: „RWaller"
Stadt Mettmann (Stiftung von Frau Maria Waller)

Katze
Öl auf Leinwand, 30×40 cm
Bezeichnet links unten: „Renz Waller 47“
193 Birgit Wörlen, Metzkausen

Langhaardackel
Öl auf Leinwand, 50×60 cm
Bezeichnet rechts unten: „Renz Waller“
Frau Leoni Rosslenbroich, Mettmann

Dreifarbiger Setter
Öl auf Leinwand, 60×80 cm
Bezeichnet rechts unten: „Renz Waller"
195 Franz Josef Koch, Wickede/Ruhr, Reproduktion nach einem Farbdruck

Kind mit Münsterländer
Öl auf Leinwand, Maße unbekannt
Bezeichnet links unten: „RWaller"
Standort unbekannt, Reproduktion nach einer Farbfotografie

Rauhhaardackel
Öl auf Leinwand, 50×40 cm
Bezeichnet rechts unten: „Renz Waller"
Richard Kämpf, Wülfrath

Bracken
Studien für das Gemälde rechts
Öl auf Leinwand, Maße unbekannt
Bezeichnet rechts unten (beide): „Renz Waller“
Standort unbekannt, Reproduktion nach Farbdrucken

Professor Lutz Heck mit seinen Bracken
Öl auf Leinwand, Maße unbekannt
Bezeichnet rechts unten: „Renz Waller 1934“
199 zerstört durch Kriegseinwirkung, Reproduktion nach einer Fotografie

Nach der Beizjagd – Falken und Vogelhund
Öl auf Leinwand, Maße unbekannt
Bezeichnet rechts unten: „RWaller Ddf."
Standort unbekannt, Reproduktion nach einem Farbdruck

Verkappter Beizfalke auf der hohen Reck
Öl auf Leinwand, Maße unbekannt
Bezeichnet links unten: „Renz Waller 61“
201 Standort unbekannt, Reproduktion nach einem Farbdruck

Beizhabicht auf der hohen Reck
Öl auf Leinwand, 60×50 cm
Bezeichnet links unten: „Renz Waller"
Deutsches Jagd- und Fischereimuseum München

Wanderfalke auf der hohen Reck
Öl auf Leinwand, 50×40 cm
Bezeichnet links unten: „Renz Waller"
Deutsches Jagd- und Fischereimuseum München

Beizjagd (Wanderfalke) auf Krähen
Öl auf Leinwand, Maße unbekannt
Bezeichnet links unten: „Renz Waller“
Standort unbekannt, Reproduktion nach einem Farbdruck

Wanderfalke kröpft Krähe
Öl auf Leinwand, 40×50 cm
Bezeichnet links unten: „RWaller Ddf. 26"
205 Privatbesitz

Habicht bindet Feldhasen
Öl auf Leinwand, Maße unbekannt
Bezeichnet rechts unten: „RWaller“
Standort unbekannt, Reproduktion nach einer Fotografie

Habicht „Medusa" auf dem Sprenkel
Bezeichnet „Renz Waller 1967"
Öl auf Leinwand, Maße unbekannt
207 Dr. Spannagel, Ennepetal, Reproduktion nach einer Fotografie

Wanderfalke auf geschlagener Elster
Öl auf Leinwand, Maße unbekannt
Bezeichnet rechts unten: „Renz Waller"
Standort unbekannt, Reproduktion nach einer Fotografie

Reiherbeize (1) mit Wanderfalken (1925)
Öl auf Leinwand, 140×105 cm
Bezeichnet links unten: „RWaller Ddf.“
Markus Martin, Freiburg

Reiherbeize (2) mit Wanderfalken (1937)
Öl auf Leinwand, Maße unbekannt
Bezeichnet rechts unten: „Renz Waller“
Standort unbekannt, Reproduktion nach einem Farbdruck

Reiherbeize (3) mit Sakerfalken (1954)
Öl auf Leinwand, Maße unbekannt
Bezeichnet rechts unten: „Renz Waller“
211 Standort unbekannt, Reproduktion nach einem Druck

Polarfalke auf der hohen Reck
Öl auf Leinwand, 50×40 cm
Bezeichnet rechts unten: „Reichsfalkenhof Renz Waller 1939"
Privatbesitz

Bildnis Colonel Meredith, USA, mit weißem Gerfalken
Öl auf Leinwand, Maße unbekannt
Bezeichnet rechts unten: „Renz Waller“
213 Colonel Meredith, USA

Graf Mensdorff-Pouilly mit Falkenterzel
Öl auf Leinwand, Maße unbekannt
Bezeichnet rechts unten: „Renz Waller 1936"
Standort unbekannt, Reproduktion nach einem Farbdruck

Nichte des Malers mit Wanderfalke auf der Faust
Öl auf Leinwand, 99×77 cm
Bezeichnet links unten: „Renz Waller"
215 Dr. Herbert Hanisch, Kaufbeuren

Frauenbildnis
Kohle auf Papier, 42×30 cm
Bezeichnet links unten: „RWaller 5. 4. 19"
Prov.: Nachlaßverwaltung, Mettmann

Bildnis eines Mädchens
Öl auf Leinwand, 50×40 cm
Bezeichnet links unten: „Renz Waller 1924“
217 Privatbesitz

Bildnis einer Frau
Öl auf Pappe, 48×34 cm
Bezeichnet links unten: „RWaller 1925"
Prov.: Nachlaßverwaltung, Mettmann

Frauenbildnis
Kohlezeichnung, 40×32 cm
Bezeichnet rechts unten: „RWaller 1926“
219 *Prov.:* Nachlaßverwaltung, Mettmann

Kapitaler Gamsbock
Öl auf Leinwand, 35×40 cm
Bezeichnet links unten: „Renz Waller, Dez. 1959"
Karl Wörlen, Mettmann

Adler auf dem Block
Öl auf Leinwand, Maße unbekannt
Bezeichnet links unten: „25. 10. 40. RWaller“
221 Standort unbekannt, Reproduktion nach einer Fotografie

Jagdstilleben
Öl auf Leinwand, Maße unbekannt
Bezeichnet links unten: „Renz Waller“
Standort unbekannt, Reproduktion nach einem Farbdruck

Rohrdommel
Öl auf Leinwand, 50×60 cm
Bezeichnet rechts unten: „Renz Waller 1953“
Privatbesitz

Unvollendetes Stilleben (1979)
Öl auf Leinwand, 60×80 cm
Unbezeichnet
Renz-Waller-Stiftung zu Mettmann